BLOQUEIO DA ESCRITA ACADÊMICA

CAMINHOS PARA ESCREVER COM CONFORTO E SENTIDO

Robson Cruz

Bloqueio da Escrita Acadêmica: caminhos para escrever com conforto e sentido

Copyright © 2020 Artesã Editora

1ª Edição - 3ª Reimpressão 2025

É proibida a duplicação ou reprodução deste volume, no todo ou em parte, sob quaisquer formas ou por quaisquer meios (eletrônico, mecânico, gravação, fotocópia, distribuição na Web e outros), sem permissão expressa da Editora.

DIREÇÃO
Alcebino Santana

CAPA
Karol Oliveira

DIREÇÃO DE ARTE
Tiago Rabello

DIAGRAMAÇÃO
Luís Otávio Ferreira

REVISÃO
José Maria Campos Lima

C957 Cruz, Robson.
       Bloqueio da escrita acadêmica : caminhos para escrever com conforto e sentido / Robson Cruz. – Belo Horizonte : Artesã, 2020.
       132 p. ; 21 cm.
       ISBN: 978-65-86140-11-8

1. Psicologia. 2. Educação. 3. Linguística. I. Título.

CDU 81'23

Catalogação: Aline M. Sima CRB-6/2645

IMPRESSO NO BRASIL
Printed in Brazil

📞 (31)2511-2040   💬 (31)99403-2227
🌐 www.artesaeditora.com.br
📍 Rua Rio Pomba 455, Carlos Prates - Cep: 30720-290 | Belo Horizonte - MG
📷 f /artesaeditora

5	**AGRADECIMENTOS**
7	**UMA EPIDEMIA SILENCIADA: ROBERT BOICE E O BLOQUEIO DA ESCRITA ACADÊMICA**
15	**AS MÚLTIPLAS CAUSAS E SINTOMAS DO BLOQUEIO DA ESCRITA**
19	O ideal romântico da escrita
24	O elitismo à espreita
26	O desprezo pelo conhecimento tácito
32	A necessidade de muito tempo para escrever
35	Os bastidores do universo editorial
37	A crítica como punição
38	Gênero e bloqueio da escrita
42	Infelicidade e impaciência para escrever
46	Procrastinação e bloqueio da escrita
48	O que o humor sarcástico esconde
50	Valores pessoais e escrita acadêmica
55	**POR QUE RESISTIMOS A TRATAR O PROBLEMA**
58	A resistência entre os docentes
64	A resistência também na psicologia

69	**OS ESTÁGIOS INICIAIS DA FLUÊNCIA E DO CONFORTO DA ESCRITA**
71	A escrita livre como permissão para escrever errado
78	A pré-escrita ou como escrever antes de escrever
84	Evitando a musa inspiradora
89	O contexto para escrever
94	A constância como regra de ouro
96	Parar de escrever antes do fim
97	Compartilhar o sofrimento e a escrita
102	Estratégias aparentemente banais
111	**OS LIMITES DA PROPOSTA DE ROBERT BOICE**
121	**UM OTIMISMO CONTIDO E UMA ESPERANÇA**
125	**REFERÊNCIAS**

AGRADECIMENTOS

Escrever pode ser um ato extremamente prazeroso e satisfatório. Mas isso não exclui o fato de que escrever é, quase sempre, uma tarefa árdua, especialmente quando o desafio é escrever um texto acessível a acadêmicos e acadêmicas de todas as áreas do conhecimento e de todos os níveis de formação do ensino superior. Para enfrentar essa dificuldade contei com a solidariedade de dois amigos: Junio Rezende e Otacílio Oliveira. Muito obrigado! Graças a vocês pude corrigir as imperfeições mais evidentes deste livro e torná-lo o mais inteligível possível. Igualmente, agradeço a Nathalia Rodrigues pela leitura e escuta de diversas passagens deste livro nos dois últimos anos. Agradeço, também a Fabiana Esteves Neves pela generosidade e cuidado com o meu texto. Por último, agradeço à Fundação de Amparo à Pesquisa do Estado de São Paulo (FAPESP), que proveu recursos financeiros para a pesquisa que originou este livro.[1]

---

[1] Estágio de pós-doutorado FAPESP, processo 15/00514-0.

UMA EPIDEMIA SILENCIADA: ROBERT BOICE E O BLOQUEIO DA ESCRITA ACADÊMICA

"Não tenho tempo para escrever". "Todos sabem escrever, menos eu". "Quando lerem o que escrevi, todos saberão que sou uma farsa". Esses são alguns dos pensamentos compartilhados entre pesquisadores e pesquisadoras, das mais distintas áreas do conhecimento, perante a temida página em branco sempre a lembrá-los daquilo que por mais um dia não fizeram com conforto e satisfação: escrever. Somam-se àqueles pensamentos a ansiedade, a tristeza, a raiva, o medo, a frustração, a vergonha, a culpa, entre outras emoções e sentimentos vivenciados cotidianamente por aqueles que se veem assombrados pelo chamado bloqueio da escrita. Esse quadro, mais comum do que o imaginado e menos admitido do que o necessário, sugere que a capacidade de escrever uma monografia, uma dissertação, uma tese, um artigo ou um livro não resulta apenas do domínio e da aplicação de regras formais da escrita, mas também daquilo que sentimos e pensamos sobre nós mesmos como escritoras e escritores acadêmicos

Apesar de tal constatação, a dimensão psicológica da escrita raramente compõe o horizonte da formação universitária brasileira. Basta dizer que, no cenário nacional, são escassos os esforços para lidar com a questão, mesmo em áreas do conhecimento nas quais esperaríamos empenho nesse sentido, como a psicologia e a linguística. Nota-se, ao mesmo tempo, que o desenvolvimento da paciência, da resiliência e da motivação para escrever de maneira fluente, criativa e confortável não figura enquanto parte dos projetos pedagógicos do ensino superior no país.[2] Impressiona, por outro lado, que muitas das universidades mais renomadas dos ditos países desenvolvidos – lugares onde, provavelmente, muitos de nós julguemos desnecessário o apoio para que estudantes e docentes escrevam mais, melhor e com satisfação – propiciem espaços de assistência contínua para o aprimoramento da escrita, também em sua dimensão psicológica.[3]

Assumir o valor de espaços institucionais orientados para o tratamento dos aspectos psicológicos da escrita acadêmica é assumir que aquilo que estudantes e docentes sentem e pensam, a respeito da escrita, é tão importante quanto o conhecimento e a aplicação das regras formais para o emprego dessa linguagem. Até porque a própria aprendizagem e os usos de tais regras estão subordinados aos estados psicológicos de todo escritor e escritora. Portanto, se você é um estudante de graduação ou um pesquisador altamente qualificado, seus sentimentos, emoções, sensações e pensamentos definem suas possibilidades de escrever com conforto e fluência.

Pelas razões expostas, meu propósito é abordar a temática do bloqueio da escrita como um problema psicológico prevalente na população acadêmica. Para tanto, o foco recairá sobre os aspectos motivacionais da escrita, sabendo, claro, que a questão vai além, e sabendo também que o conceito de motivação tem sido alvo de críticas por causa de seu vínculo com a ideologia do empreendedorismo pessoal, representa-

---

[2] Vale dizer que o debate atual sobre o adoecimento mental na universidade brasileira tem situado as dificuldades com a escrita acadêmica como centrais no sofrimento experimentado por estudantes de graduação, de pós-graduação e por docentes (LOPES, 2017a, 2017b; PINHEIRO-MACHADO, 2016).

[3] Ver os casos da Universidade de Harvard (https://writingprogram.fas.harvard.edu/) e da Universidade de Stanford (https://undergrad.stanford.edu/subsites/program-writing-and-rhetoric).

da pela frágil figura dos profissionais do sucesso. Para esses sujeitos, a motivação seria um estado psicológico capaz de ser acionado por mensagens de incentivo para o alcance de metas e superação de obstáculos profissionais e pessoais. O ponto de vista aqui expresso é bem diferente. Motivação aqui é compreendida como processo psicológico resultante de complexas interações sociais e de sofisticadas relações com o ambiente material.

Para abordar o tópico do bloqueio da escrita acadêmica, darei ênfase às pesquisas do psicólogo estadunidense Robert Boice, publicadas entre o final da década de 1970 e meados da década de 1990, período de maior concentração de estudos sobre a temática na literatura especializada. A despeito da distância temporal das publicações de Boice para a atualidade, a manutenção do valor do seu trabalho é atestada na elevada frequência de referências aos seus escritos nos debates contemporâneos sobre o tema.[4] Razões para tanto são a diversidade teórica e metodológica adotada em suas investigações e o valor heurístico e aplicado dos resultados de suas pesquisas. Soma-se a isso o fato de que Boice é um caso incomum de pesquisador, professor e psicólogo clínico que dedicou a carreira ao estudo e ao atendimento de escritoras e escritores acadêmicos e de outros gêneros literários, em sofrimento com os processos de composição textual. Dessa forma, Boice diferencia-se da maioria dos pesquisadores e pesquisadoras do bloqueio da escrita acadêmica que, geralmente, investigam o fenômeno de maneira esporádica e assistemática, como tema de interesse secundário ou lateral em suas trajetórias nos mais diversos campos do conhecimento.

Em termos gerais, a orientação teórica e metodológica de Boice pode ser definida como pragmática. Isso significa que seu propósito foi, sobretudo, o de explicitar as consequências práticas subjacentes às diferentes formas de teorizar e inter-

---

4 Boice está entre os autores mais citados nas referências bibliográficas de artigos sobre bloqueio da escrita acadêmica, nas duas últimas décadas. Ver: https://bityli.com/QlD8T

vir no bloqueio da escrita. Seu esforço, nesse sentido, acaba por desvelar elementos nem sempre situados como relevantes para compreender o fenômeno, como o conhecimento tácito, a relação com o tempo, os trâmites silenciados do universo editorial, os efeitos da crítica e a adesão a premissas elitistas e românticas da escrita.

Apesar do caráter introdutório deste livro, avalio, ao final, os limites práticos da perspectiva adotada pelo psicólogo estadunidense, tendo em vista os impasses em transpor suas intervenções para o contexto acadêmico brasileiro – solo cultural ainda marcado pelo acesso restrito à educação formal de qualidade e pela manutenção de um violento regime de preconceito linguístico (Cf. BAGNO, 2003). Igualmente, avalio os limites teóricos da proposta de Boice, considerando o seu modesto aprofundamento na interpretação das questões sociais relativas ao sofrimento para escrever no cenário acadêmico. Ainda assim, argumento que suas proposições lançam luz sobre atitudes facilmente identificadas no dia a dia da vida universitária brasileira, como a manutenção da imagem da escrita fluente como um ato misterioso e reservado a poucos homens e mulheres dotados de uma vocação ou um dom para escrever. Do mesmo modo, argumento que as ideias de Boice proveem saídas práticas, para aquelas pessoas que padecem psicologicamente para escrever, com princípios de composição textual e de psicologia da escrita capazes de aproximá-las de uma redação mais confortável, segura e tolerante com os percalços vivenciados por qualquer um que escreva para um público tão exigente, como é o público acadêmico.

Dito isso, a despeito do objetivo introdutório deste livro, também busquei incluir exemplos, ao longo do texto, derivados de minha experiência de atendimento psicoterápico e de pesquisa com estudantes e docentes em sofrimento com a prática da escrita acadêmica, assim como contextualizei alguns dos tópicos que perpassam o livro de acordo com discussões mais atuais que tangenciam os temas tratados, sem perder de vista o caráter propedêutico do livro e o intuito de torná-lo acessível para estudantes e docentes de qualquer área do conhecimento, em qualquer nível de formação acadêmica.

Por último, peço licença para mencionar parte dos bastidores da escrita deste livro. A ideia de redigi-lo surgiu durante uma organização rotineira de arquivos dispersos, destes tão comuns nos computadores de professoras e professores universitários, quando percebi que havia acumulado, ao longo dos últimos anos, fichamentos de praticamente todos os textos de Boice acerca do bloqueio da escrita. Ao tomar consciência disso, resolvi organizar todas aquelas anotações e esboçar um artigo de introdução ao seu trabalho. Contudo, rapidamente percebi que o limite de 25 páginas, número estipulado para publicação de artigos na maioria dos periódicos de psicologia no Brasil, seria insuficiente para a empreitada. Então, a ideia de escrever este livro surgiu e começou a ser desenvolvida sem qualquer conflito. Entretanto, à medida que avançava em sua composição, sentimentos e pensamentos desagradáveis sobre a sua recepção começaram a me fazer constante visita. Por um lado, sentia-me contente quando organizava, lia, relia, escrevia e revisava este livro, inclusive usando muitos dos princípios da escrita fluente recomendados pelo próprio Boice. Por outro lado, ponderava sobre o juízo que os outros emitiriam sobre o texto. Receava que meus pares percebessem as questões aqui tratadas como banalidades distantes das inquietações mais profundas da vida intelectual. Logo, eu seria uma pessoa banal? Esse era o meu medo. O medo, talvez, de todo acadêmico e acadêmica. Por que mesmo assim escrevi este livro? A resposta é simples. De fato, este trabalho ocupa-se de questões sobre a escrita à primeira vista triviais. Mas, na última década, descobri, em minha prática clínica, de pesquisa e de docência – e, também, como escritor acadêmico –, como o desprezo pela dimensão prática-psicológica da escrita tem deixado à mercê da sorte estudantes e docentes que se julgam incapazes de escrever por acreditarem que tal ato deveria ocorrer de forma natural e espontânea em suas vidas.

Claro, isso não significa, de forma alguma, que neste livro se apresente qualquer proposta de cura para o sofrimento com a prática escrita e nem a busca de eliminação do mal-estar inerente ao exercício de qualquer habilidade sofisticada, como é a escrita acadêmica. Quer dizer, tão somente, que o trabalho de Boice pode propiciar às leitoras e aos leitores brasileiros, de qualquer nível de formação universitária e área do conhecimento, uma introdução ao tema do bloqueio da escrita, ao mesmo tempo em que fornece possibilidades para enfrentar um dos maiores fantasmas da vida acadêmica: a paralisia frente à página em branco.

AS MÚLTIPLAS CAUSAS
E SINTOMAS DO
BLOQUEIO DA ESCRITA

 O bloqueio da escrita tem sido genericamente definido como toda e qualquer dificuldade que uma pessoa apresenta para começar, manter ou finalizar a escrita de um texto em decorrência de pensamentos, sentimentos, emoções e sensações desagradáveis. Ansiedade, medo, culpa, vergonha, desânimo, tristeza, assim como pensamentos de inferioridade ou incapacidade intelectual, juntamente com sensações como dor de cabeça, dor de estômago, falta de ar e taquicardia, são exemplos de estados psicológicos e físicos conexos aos motivos do porquê muitos acadêmicos e acadêmicas não conseguem escrever com a satisfação desejada.

 Não é nenhum absurdo que a maioria das pessoas explique o bloqueio da escrita em tais termos, ou seja, como resultado de sentimentos, pensamentos, emoções e sensações que as acometem antes, durante ou depois do ato de escrever. Todavia, há limites em explicar qualquer comportamento humano a partir da percepção de que aquilo que ocorre no íntimo de nossos corpos seja a principal e única causa do porquê nos comportamos de determinadas maneiras no mundo. No caso do sofrimento para escrever, isso é patente na circularidade de falas tão comuns como "não escrevo porque estou desanimado" ou "estou desanimado porque não escrevo". Esse tipo de relato, corriqueiro entre estudantes que não conseguem escrever, implica compromisso com uma visão restrita dos fenômenos psicológicos, pois embora o "desânimo" possa compor a explicação do bloqueio da escrita, dificilmente esse sentimento é seu único motivo. Na realidade, em muitos casos, é apenas o último dos sintomas resultantes de uma gama de eventos responsáveis pela impossibilidade da escrita ocorrer da maneira esperada.

No mínimo, três prejuízos decorrem de uma concepção na qual os sintomas são assumidos como motivos exclusivos das ações humanas. O primeiro deles é julgar que sentimentos, pensamentos, emoções e sensações ocorrem no vácuo social. O segundo é presumir que tais estados psicológicos são invariavelmente bússolas seguras de orientação de nossas ações no mundo. Voltemos ao exemplo, antes citado, para esclarecer melhor o ponto. Quando um estudante relata dificuldades para escrever porque está desanimado, é provável que isso signifique, dentre outras coisas, que não escreve devido a algum nível de desconforto psicológico nomeado de desânimo. Seguindo essa lógica, o estudante assume por princípio que qualquer sinal de mal-estar psicológico, às vezes por menor que seja, denote impossibilidade para escrever. Ignora, assim, o fato de que o início de uma ação humana altamente suscetível de avaliação pública negativa, como escrever um texto acadêmico, é quase sempre acompanhado de algum grau de desprazer. Sobre isso, basta dizer que escritoras e escritores profícuos, de diferentes gêneros literários, admitem a inevitabilidade da escrita gerar algum nível, mínimo que seja, de desconforto psicológico. E que a solução para lidar com o mal-estar abarca menos a busca por sua eliminação e mais a aprendizagem de habilidades de resolução de problemas, assim como o desenvolvimento da paciência para avançarem em seus manuscritos a despeito de lacunas e imprecisões (BOICE, 1994a).

O terceiro problema das explicações que reduzem o bloqueio da escrita unicamente aos estados psicológicos, como se esses fossem puros e orientassem seguramente as atitudes humanas, é a própria contenção da curiosidade acerca dos determinantes do sofrimento para escrever. Nesse sentido, a própria ideia de bloqueio da escrita é reducionista se a aceitamos como causa em si das dificuldades psicológicas para escrever. O bloqueio da escrita é, portanto, mais um fenômeno a ser explicado do que a causa em si do problema.

A seguir, descrevo uma síntese das motivações e sintomas do bloqueio da escrita acadêmica elencados por Robert Boice. O esforço de esclarecer esses elementos, relacionados entre si, é crucial para o desenvolvimento de planos de intervenção e fundamental para evidenciar o caráter compartilhado de um sofrimento vivenciado por muitos estudantes e docentes como uma inaptidão individual irremediável.

O ideal romântico da escrita

Ao longo de sua trajetória, Robert Boice apreciou a história do bloqueio da escrita como essencial para explicar e intervir no fenômeno. Por isso, trata o histórico do tema para além de mera curiosidade informativa. Na verdade, seus esforços vão em direção contrária. Perpassa seus escritos o empenho de interpretar a história do bloqueio da escrita, em especial, o ideal romântico da escrita, enquanto artifício ideológico central na instauração e manutenção do sofrimento psicológico para escrever de forma fluente e confortável, no âmbito da escrita ficcional e não ficcional.

Em primeiro lugar, Boice situa o advento do romantismo inglês e alemão, entre o final do século XVIII e início do século XIX, como o momento no qual o sofrimento psicológico é, pela primeira vez, apregoado como indispensável para a geração de uma escrita fluente e criativa. É o período no qual instaura-se culturalmente a concepção de que a criatividade literária resultaria de um estado totalmente misterioso e inconsciente, decorrente de uma inspiração pura e espontânea provinda do acúmulo de densos conflitos psicológicos experimentados apenas por alguns poucos indivíduos dotados de uma sensibilidade especial. A propagação dessa concepção implicou o rebaixamento moral e social de qualquer produto literário assumidamente elaborado por meio de processos ordenados de escrita. A partir de então, pela primeira vez na história, ações racionais para escrever, como o planejamento e a revisão, passaram a ser percebidas como formas superficiais de escrita e, portanto, indignas de qualquer reconhecimento (BOICE & JONES, 1984).

Se a espontaneidade e o conflito psicológico tornam-se critérios imprescindíveis para escrever fluentemente, qualquer estratégia recursiva de escrita, como a simples correção de uma pontuação, passa a ser vivenciada com culpa e vergonha pela quebra de um pacto inviolável da escrita realmente criativa (LEADER, 1996). Para Boice, "Então é presumível que apenas uma minoria de nós, talvez aqueles com os genes certos ou musas, estão de antemão condenados a escrever bem ou não" (1997, p. 437). E, logo, também poucos de nós temos sido encorajados a refletir criticamente sobre a imagem tradicional da escrita instintiva como modelo a ser seguido. "Em vez disso, temos sido levados a acreditar que escrever é um ato especial, um processo misterioso, mais bem desempenhado quando os escritores aderem a um estilo espontâneo" (BOICE, 1990a, p. 96). Resta, então, apenas abraçar as "noções românticas, incluindo a expectativa de uma musa que faria a escrita magicamente inteligente, fácil, apreciada e reconhecida" (1990a, p. 118).

O impacto do ideal romântico da escrita no meio acadêmico é notado, principalmente, em ciências como a psicologia, que, em vez de desvelarem as causas do bloqueio da escrita em termos de seus condicionantes psicossociais, relegaram-na a uma condição exclusiva de certos tipos de personalidade, como a melancólica, como se melancólicos tivessem propensão para escrever com uma profundidade que as demais pessoas não possuem. Com isso, uma visão romântica glamourizou o bloqueio da escrita e definiu limites restritos para intervenção sobre o fenômeno. Prova disso é identificada em alegações, na literatura psicológica, de que o tratamento do bloqueio da escrita seria indesejável, pois a diminuição do sofrimento psicológico reduziria o potencial inventivo das pessoas em estado de grave sofrimento para escrever (BOICE, 1993a).

Embora seja evidente a perpetuação do ideal romântico em tradições de pensamento psicológico e psiquiátrico que vincularam ostensivamente a loucura à criatividade, ainda no final do século XIX, nomes como Pierre Janet[5] teceram a hipótese de que o trabalho emocionalmente carregado, tão promulgado entre os românticos, impedia a criatividade em vez de gerá-la (BOICE, 1993a). Porém, foi o olhar romântico sobre o bloqueio da escrita que prevaleceu ao longo do século XIX e XX.

O livro do psicanalista Edmund Bergler (1899-1962), *The Writer and the Psychoanalysis* (1949), simboliza a influência do romantismo nas interpretações psicológicas do bloqueio da escrita. Bergler, no entanto, vai além de reproduzir tal ideal da criação literária. A partir de sua experiência clínica com escritoras e escritores bloqueados, o psicanalista afirma que o sofrimento psicológico para escrever não seria necessariamente prenúncio de algum gênio à espreita, próximo de ser catarticamente libertado por uma musa inspiradora, mas, na maioria dos casos, apenas sintoma psicopatológico de sujeitos com pretensões literárias irrealizáveis. Munido dessa visão psicopatologizante do sofrimento para escrever, Bergler afirma que os escritores bloqueados foram os sujeitos mais deprimidos e lamentáveis que atendeu em toda sua carreira (1950, p.204). Igualmente, em sua visão "O escritor é o ser humano mais antissocial já concebido" (1950, p.239).

Na concepção de Bergler, os sujeitos bloqueados, para escrever, buscavam seu auxílio psicológico em razão de uma culpa estabelecida nos primórdios da formação da personalidade, ainda no começo da infância. Pautado na premissa

---

[5] Importante nome da psiquiatria e neurologia francesa da segunda metade do século XIX e início do século XX.

de que o bloqueio da escrita tem sua origem em um trauma instaurado na relação bebê-mãe, Bergler assegura que se bem encaminhada, uma psicoterapia do bloqueio da escrita levaria a maioria das pessoas a desistir de qualquer empreendimento literário mais sério, pois durante o tratamento tomariam consciência de que são inábeis para escrever de modo criativo e bem sucedido, porque "pessoas normais simplesmente não se sentem impelidas a escrever" (1950b, p.220). Ao mesmo tempo, para o psicanalista, os verdadeiros escritores e escritoras não necessitam de qualquer auxílio psicológico, porque os seus conflitos são solucionados pela manifestação espontânea da escrita fluente e criativa.

Para Boice (1985), o uso da psicanálise empreendido por Bergler é, no mínimo, reducionista, pois rebaixa moralmente os sujeitos em sofrimento para escrever, ao mesmo tempo em que despreza como conflitos psicológicos têm origem em complexas tramas psicossociais, como o próprio Freud havia sugerido em diferentes momentos de sua obra. Bergler despreza não apenas o valor do aporte teórico da psicanálise para lidar com a questão, mas também a postura pessoal de Freud frente às dificuldades psicológicas da escrita. Sobre isso, vale assinalar que as práticas de escrita de Freud refletem muitas das estratégias posteriormente avaliadas pelo próprio Boice como efetivas no tratamento do bloqueio da escrita. Freud escrevia com regularidade e com moderação a despeito de seu estado de humor; estudava sua língua nativa e outras línguas de modo a desenvolver seu vocabulário e estilo; expressava seus dilemas ao utilizar ideias de outros autores e autoras; e permitia-se escrever a primeira versão de seus textos com foco menos na precisão e mais na formação de conceitos e argumentos gerais, deixando a revisão apenas para versões avançadas.

Boice (1985) ainda averigua que não só Bergler, mas a literatura psicanalítica do bloqueio da escrita desprezou, durante muito tempo, o valor de premissas básicas da psicanálise para tratar a questão, como aquelas relativas aos mecanismos de defesa psicológica, mantendo-se tributária ingênua de concepções românticas da escrita criativa (para exemplos, ver: GOODMAN, 1952; MEYER, 1952; SHUMAN, 1981; QUAYTMAN, 1969).[6] Como decorrência, ainda na atualidade, profissionais da psicologia e da psiquiatria raramente atentam-se para o adoecimento mental de escritores e escritoras como resultado de tentativas fracassadas de adotar um estilo de vida abalizado na fantasia da loucura criativa, com a adesão a hábitos como escrever até a exaustão, isolar-se socialmente e usar substâncias psicoativas na esperança de escrever como nunca antes escreveram em suas vidas. Assim, profissionais da psicologia e da psiquiatria têm desprezado a diversidade da história de vida e os hábitos de trabalho de pessoas criativas e mantido a ilusão de que a excentricidade, a loucura e a criação literária estão – sempre – intrinsecamente relacionadas. Dessa maneira, "as noções românticas sobre escritores trabalhando com a ajuda de uma musa distanciam os estudantes da verdade acerca do trabalho metódico e árduo da boa escrita" (BOICE & JONES, 1984a, p. 575).

Assim, uma visão romântica do bloqueio da escrita permaneceu popular no universo acadêmico, apesar dos evidentes prejuízos de tal concepção acerca da escrita. Uma das explicações para tanto advém, também, do valor da excentricidade e da desordem mental como supostas promotoras de um pensamento original e contestador. De fato, é essa a caricatura que chegou até nós por meio da história dos grandes nomes da literatura, das artes, da música e da ciência. Homens e mulheres que realizaram grandes feitos artísticos e intelectuais como consequência exclusiva de estados psicológicos de transe, *insight* e inspiração repentina.

---

6 No Brasil, a professora Ana Cláudia dos Santos Meira (2016) apresenta um exemplo de teorização e intervenção, no campo psicanalítico, no qual as dimensões práticas e subjetivas da escrita são tratadas como elementos centrais das impossibilidades e possibilidades da fluência na composição acadêmica.

O elitismo à espreita

A arbitrariedade em associar estados psicológicos de conflito à criatividade é evidente quando se percebe que essa associação dificilmente se dá quando interpretamos atividades classificadas como subalternas, mesmo quando essas são desempenhadas com alto nível de fluência e criatividade. Não glorificamos hábeis garçons, exímios pedreiros e inventivos marceneiros com nosso ideal de loucura inventiva. Dificilmente concebemos que uma pessoa com alto nível de destreza e inteligência em um trabalho rotulado como de baixo valor social seja criativa em função de um gênio instintivo.[7] Apesar de Boice não se aprofundar nos significados políticos desse relevante questionamento, argumenta que a visão romântica da escrita fluente é eminentemente antidemocrática. Para o autor, essa visão

> ... suprime a informação de que a produtividade criativa na escrita (definida aqui em termos de ideias inovadoras para escrita e fluência imediata e original) pode ser gerenciada por quase qualquer escritor profissional – talvez, mesmo aqueles de nós indistintos em termos de excentricidade familiar, status socioeconômico e enfermidade enigmática. (BOICE, 1997, p. 437-438)

O elitismo no campo da escrita acadêmica é patente quando Boice (1990a) pesquisa a opinião de autores e editores dos mais renomados periódicos de ciências sociais nos Estados Unidos sobre as deficiências de seus pares para escrever, e obtém como resposta a alegação, quase unânime, de que a maioria dos cientistas sociais se mantém longe da escrita para publicação porque não possuem nada a dizer. Com essa posição, "eles parecem ser elitistas para que ninguém mais, além deles mesmos, mereça ser ouvido" (p. 122). Por outro

---

[7] Para uma análise detalhada de como trabalhadoras e trabalhadores rotulados de subalternos atingem graus de desempenhos análogos àqueles alcançados por pessoas criativas, em qualquer área de atuação, ver Rose (2007).

lado, Boice constata que apenas uma porcentagem reduzida dos participantes do estudo listou a discriminação, a falta de oportunidades, a ausência de instrução e o desencorajamento dos pareceristas como causas do insatisfatório envolvimento dos cientistas sociais com a escrita.

O elitismo é igualmente presente no desprezo emitido por renomados acadêmicos e acadêmicas perante o questionamento de Boice sobre a necessidade de auxílio aos pares que sofriam para escrever e que dificilmente conseguiam publicar seus textos. Como o editor de um famoso periódico de humanidades o respondeu: "Por que se importar? Já há muita coisa sendo escrita, e bons escritores não necessitam de ajuda" (1990a, p. 122). Embora indesejável, na visão de Boice, essa opinião é compreensível, pois o universo da publicação acadêmica reflete o funcionamento da sociedade como um todo, na qual seus membros mais bem-sucedidos tendem a conceituar-se como naturalmente bons naquilo que fazem e, dessa maneira, ofuscar as condições sociais que os levaram a um patamar de excelência profissional alcançado por poucos. Talvez por isso muitos acadêmicos e acadêmicas fluentes na prática escrita "não se recordem" como foi difícil escrever um dia e, por isso, resistam a democratizar a escrita.

Boice ainda averigua que, em alguns casos, para evitar repreensões, escritoras e escritores acadêmicos reconhecidos como criativos e produtivos, pelos pares, alegam escrever sem qualquer disciplina, ainda que tenham como hábito, por exemplo, a escrita regular. Isso ocorreria, muitas vezes, menos para enaltecer a própria figura como escritoras ou escritores espontâneos e mais para evitarem ser qualificados como superficiais, quando não fraudes literárias, por desvelarem seus processos de composição. O que estaria por trás dessa atitude seria o empenho para manter a imagem dignificante do escritor ou escritora enquanto pessoa imune a qualquer influência externa sobre a sua criação literária.

Todas essas alegações levam Boice (1994) a argumentar que a escrita, mais do que qualquer outra habilidade humana, é capaz de fazer emergir o elitista sempre à espreita dentro de cada um de nós – motivo pelo qual, igualmente, não é de se estranhar que os escritores e escritoras mais fluentes, motivados e criativos façam pouco ou nada para partilhar suas aptidões. Ante esse quadro, Boice (1990a, p. 122) alerta: "Embora possamos entender o elitismo dos escritores já bem-sucedidos, não precisamos aceitar sua hostilidade".

De um modo ou de outro, como veremos a seguir, as demais causas do bloqueio da escrita acadêmica elencadas por Boice refletem adesão a alguma premissa romântica e elitista da escrita fluente.

O desprezo pelo conhecimento tácito

O conhecimento tácito pode ser definido, em termos gerais, como um tipo de conhecimento prático não declarado e não verbal. Tocar com desenvoltura um instrumento musical, manejar com destreza um aparelho cirúrgico, realizar com perfeição um passo de dança, gerenciar com assertividade uma equipe de trabalho, palestrar com facilidade perante grandes audiências e, claro, escrever com fluência, são exemplos de atividades com elevado nível de conhecimento tácito. O conhecimento tácito é adquirido principalmente em condições informais de aprendizagem, a partir da intensa experiência direta, por meio de contínuo treino, repetição e busca por aperfeiçoamento da habilidade em desenvolvimento. Pode-se afirmar que o conhecimento tácito envolve mais ação que reflexão, motivo pelo qual muitas pessoas podem explicar de maneira insatisfatória como se tornaram competentes naquilo que fazem, pois elas aprenderam a fazer, mas não necessariamente a descrever como se faz.

Pelas razões expostas, a noção de conhecimento tácito expõe obstáculo adicional ao ensino da escrita acadêmica, uma vez que saber escrever com fluência e conforto não é suficiente para ensinar como escrever. Na realidade, o esforço em declarar como se escreve, revelando ao máximo os detalhes de tal ação, soa tarefa inútil para a maioria dos acadêmicos e acadêmicas. Assim, eles e elas ignoram o valor de ações cruciais para escreverem de forma fluente como, por exemplo, o uso do tempo, onde e quando escrevem, como revisam, como leem, como lidam com a rejeição, como enfrentam a crítica, como e com quem compartilham textos, como organizam informações para escrever, como resolvem problemas de estrutura e conexão de ideias e o que fazem quando não conseguem avançar na escrita (BOICE, 1996a).

A noção de conhecimento tácito se faz útil, sobretudo, quando se constata que habilidades sofisticadas, como aquelas que se esperam da escritora ou do escritor acadêmico, apenas ocorrem em sua plenitude, em algumas de suas etapas, quando realizadas concomitantemente à inexistência ou a diminuição substancial de pensamentos sobre a própria tarefa a ser executada. Raramente, no entanto, essa premissa é assumida quando o assunto é a escrita acadêmica. Pois supostamente essa habilidade seria subordinada à ininterrupta aplicação de regras formais e a contínua reflexão crítica, mesmo que a prática cotidiana de escritores e escritoras exemplares nos mostre o contrário. Esses tendem a empregar ações que mitigam o controle racional em fases iniciais de composição de seus textos, enquanto os sujeitos bloqueados preocupam-se em submeter seus escritos, e os dos outros, ao escrutínio das normas formais da redação acadêmica e da crítica, ainda em etapas iniciais da escrita (BOICE, 1994).

O conhecimento tácito impõe limite em outra premissa comum acerca da escrita fluente: a necessidade de total domínio das regras formais da escrita. Segundo Boice (1994), o excesso de autoconsciência dos preceitos gramaticais de uma língua pode, em alguns momentos da escrita, impedir a necessária licença psicológica para escrever de maneira incerta – o que é essencial para a geração de textos de qualquer gênero literário. Entretanto, sabemos que, ainda no começo da alfabetização, a aprendizagem da escrita ocorre sob intensa punição ao menor dos desvios das regras formais. Por isso, crianças, ainda em seus primeiros anos escolares, já experimentam sentimentos de vergonha, culpa e humilhação ao cometer um mínimo "erro" enquanto redigem seus textos, além de empregar grande esforço de auto-observação quando escrevem.

No Brasil, exemplo de instauração e manutenção do problema é descrito em estudo de Rocha (2010), no qual é averiguado que docentes de história do ensino médio e fundamental de escolas públicas do Rio de Janeiro resistem a lidar com dificuldades básicas de escrita dos seus estudantes, com a justificativa de que o processo de alfabetização não fazia parte de suas atribuições. Se essa é a realidade no ensino médio e fundamental, é presumível que a realidade no ensino superior seja pior, porque, além do domínio das regras formais da língua culta do português brasileiro ou de outras línguas (quem realmente domina essas regras?), é comum esperar e exigir de estudantes de graduação e, principalmente, de pós-graduação o emprego consciente de regras da escrita acadêmica nunca antes treinadas ao longo de suas trajetórias estudantis. O máximo de formação nesse sentido tem sido restrito ao ensino engessado de normas de citação e referências bibliográficas, ainda que mesmo sobre essa dimensão da escrita acadêmica, dita por muitos como superficial e dependente apenas da memorização para seu emprego, um alto grau de conhecimento tácito seja necessário para seu uso efetivo (ver: HYLAND, 1999).

Essas condições não só cultivam como intensificam sintomas de ansiedade durante o processo da escrita acadêmica, pois o esforço de evitar o erro acaba por bloquear a própria escrita. A imagem do estudante indeciso para escrever uma palavra, que ainda não considera a mais precisa para expressar o que buscar dizer, ou vivenciando enorme autocomiseração, porque digitou involuntariamente uma palavra com a grafia errada (incompatível com a norma), simbolizam o poder opressor do excesso de autoconsciência e da tentativa de controle racional, a todo momento, da composição escrita.

O excesso de autoconsciência exacerba o conflito entre dois processos incompatíveis de composição escrita, a saber, gerar e editar textos. Esse conflito dificilmente é assumido como causa do bloqueio da escrita porque os modos tradicionais de aquisição da linguagem escrita tornaram indistintos os processos de geração e edição quando compomos qualquer peça textual. Parte substancial das pessoas ignora, assim, que durante a escrita ocorrem simultaneamente dois processos psicológicos distintos e incompatíveis: a geração da escrita envolve, em algum nível, a permissão para a aproximação daquilo que se quer escrever, seja uma letra, uma palavra, uma frase, um texto completo; já a edição envolve a consciência e o controle sobre o que se escreveu. Quando o processo de edição se sobrepõe ao processo de geração textual, como é comum que ocorra entre estudantes universitários, a probabilidade da fluência e do conforto com a escrita diminui substancialmente. Igualmente, o modo como as pessoas aplicam esses dois processos conflitivos de composição escrita estabelece diferença marcante entre aqueles que padecem para escrever e aqueles que escrevem com satisfação e com fluência: "os 'bloqueados' editam prematuramente seus textos, enquanto os não 'bloqueados' prosseguem com seus planos a despeito da necessidade de arriscados ajustes em seus projetos de escrita" (BOICE; JONES, 1984a, p. 570). Ainda como esclarece Boice (1990a, p. 39):

> Escrever, assim como desenhar e falar, é amparado pela consciência apenas de modo limitado. Consciência, a auto-conversa racional que nós nos engajamos às vezes ajuda com planejamento e com tarefas de edição, por exemplo. Mas a consciência impede a escrita quando isso produz excesso de autoconsciência, a disposição para julgar e para culpar, e a obsessividade. Similarmente, a escrita procede mais suave e fluentemente quando escritores trabalham sem reflexão consciente do que estão escrevendo. Quando fazem isso, os escritores dominam a mais importante habilidade. Eles aprendem a escrever sem se sentirem "prontos", sem se sentirem totalmente no controle,

sem esperar a inspiração. Eles aprendem a proceder rapidamente e sem olhar para trás, talvez, porque, como Virginia Woolf acreditava, escrever em galope deixa o crítico interno para trás.

O auxílio de profissionais experientes é essencial para o desenvolvimento do conhecimento tácito, posto que o aperfeiçoamento de qualquer atividade complexa necessita de apontamento de déficits e progressos, mínimos que sejam, no repertório do aprendiz. Ao mesmo tempo, profissionais experientes são capazes de oferecer dicas de aprimoramento que extrapolam regras formais para o ensino de certas habilidades, como a escrita (ERICSSON; KRAMPE; TESCH-ROMER, 1993). No Brasil, talvez, a escrita acadêmica não seja percebida como alvo de intervenções tão específicas porque não admitimos que sobre tal atividade recaem cobranças de alto desempenho. Entretanto, os comentários críticos realizados pelos avaliadores em uma banca de defesa de mestrado ou doutorado, bem como os pareceres de artigos rejeitados, não deixam dúvidas de que uma dissertação, tese ou artigo, para serem aceitos necessitam atender a critérios de excelência comparados àqueles que se esperam de qualquer profissional de alto nível em sua área de atuação.

A relutância em expor nesses termos aquilo que se espera da escrita de acadêmicos e acadêmicas, provavelmente decorre do vínculo que expressões como "performance" e "alto desempenho" possuem com esferas laborais nas quais predominam a competição, a busca por lucros e a exploração do trabalho. Porém, seria justamente a manutenção de formas alienadas de trabalho que sustentaríamos ao não admitir que, de uma forma ou de outra, a atividade acadêmica demanda níveis elevados da habilidade de escrever. Criar condições para que as pessoas façam algo bem feito e com satisfação, como escrever com fluência e qualidade, não é necessariamente corroborar com o sistema vigente de exploração do trabalho e de incentivo à competição. Mais próximo disso parece estar o desprezo pelas condições que levam alguns poucos a escrever com destreza enquanto a maioria sofre para simplesmente começar a compor seus textos.

A universidade brasileira provê raros espaços para o aperfeiçoamento da prática escrita que conte com auxílio próximo de profissionais preparados para tanto. Por aqui, à medida que avançam na formação acadêmica, estudantes e docentes contam cada vez menos com auxílio prático para se aperfeiçoar como escritores e escritoras. Pior: no caso dos estudantes, é comum que, quando mais necessitam de suporte social e instrumental para escrever, como nas fases finais de escrita de dissertações e teses, seja quando se encontram mais isolados daqueles que poderiam lhes ajudar, como docentes e colegas experientes.

Prova da baixa disposição em situar a escrita acadêmica como habilidade a ser aprendida é notada, por um lado, no fervor com que admiramos os estudantes que não precisam de nossa ajuda e, por outro, na frustração sentida quando a maior parte dos nossos estudantes não escrevem da forma esperada. Como consequência, "escrever fluentemente é um tipo de inteligência prática cujos princípios básicos permanecem sem ser ensinados" (BOICE, 1993a, p. 20).

Desvelar o conhecimento tácito implicaria mais do que declarar a experiência que levou algumas pessoas a serem efetivas e também satisfeitas na prática da escrita. É um meio de abrandar uma das mais perversas tendências da formação acadêmica em todos os níveis do ensino: a seleção de uma minoria de estudantes hábeis e motivados em detrimento do auxílio a uma maioria de estudantes desmotivados e com déficits de habilidades de escrita. O esforço de revelar o conhecimento tácito seria um antídoto à nossa propensão de enaltecer demonstrações de brilhantismo como se fossem naturais, criando assim para "muitos outros estudantes uma chance realista de se sentirem confortáveis e de serem bem-sucedidos" (BOICE, 1993a, p. 21).

Por último, é necessário dizer que a resistência em lidar com a dimensão tácita da escrita resulta de uma provável aversão, não assumida, especialmente nas ciências humanas e sociais, à experiência prática, como se essa representasse uma maneira irrefletida e, portanto, inferior de interagir com o mundo.[8] Por isso, alguns verbos como repetir, treinar, instruir, fazer e praticar são proibidos em muitos redutos universitários brasileiros, ainda que a repetição, a instrução e a ação prática sejam componentes da aquisição e do desenvolvimento de qualquer habilidade, como a desejada capacidade de ser fluente na escrita.[9]

A necessidade de muito tempo para escrever

A falta de tempo é uma das justificativas mais recorrentes entre acadêmicas e acadêmicos que sofrem para escrever. E é de fato plausível supor que a sensação de indisponibilidade de um momento totalmente livre e tranquilo para escrever, no atribulado cotidiano universitário, seja um dos maiores empecilhos enfrentados por estudantes e docentes para incluírem tal atividade em suas rotinas diárias. No entanto, a solução mais adotada para lidar com o problema, a saber, o uso de longos períodos de tempo para escrever, seria, ao contrário do que a maioria das pessoas presume, mais parte das causas do bloqueio da escrita do que saída para tratá-lo.

A despeito de parcas provas de sua efetividade e a despeito de induzir e intensificar quadros de depressão e de ansiedade, a escrita em maratonas é vislumbrada como a principal

---

8 Para um debate sobre como o conhecimento prático teria adquirido status de conhecimento inferior nas sociedades modernas, ver: Sennett (2009).

9 Em outro momento, avaliei o bloqueio da escrita como decorrência da reprodução de um velado preconceito de classe e de um pacto elitista no interior das ciências humanas e sociais. Ver: https://youtu.be/loJRyQEmu3k

estratégia entre aqueles que sofrem para escrever na academia. De modo a expor o equívoco dessa visão, Boice extrapola o universo da escrita acadêmica e analisa a vida do escritor inglês de origem polaca Joseph Conrad (1857-1924). Muitos dos intérpretes da criação literária de Conrad enfatizam as fases de mania e melancolia daquele escritor, como se houvesse uma relação causal entre aqueles estados psicológicos e a sua fértil criação literária. Porém, ignoram que a prosa mais inspirada de Conrad ocorreu em períodos da sua vida nos quais o uso de táticas deliberadas de trabalho moderado preponderou em seu cotidiano, resultando, inclusive, em relatos de paciência, brevidade e vigor na prática da escrita. Por outro lado, os episódios de melancolia e mania na vida do escritor inglês ocorreram durante e depois de escrever em regimes de maratonas, muitas horas por dias, durante semanas seguidas, às vezes meses, que resultaram em paralisia e extrema insatisfação com a qualidade da composição de seus textos.

Casos como o de Conrad ilustram como a glamourização de certas estratégias para redigir inviabiliza o conhecimento das razões de uma produção literária fértil, ao mesmo tempo em que incentiva a adesão a hábitos prejudiciais de escrita, especialmente para aqueles que já se encontram com dificuldades para escrever. Para Boice (1997), a manutenção do ideal da desordem e do sofrimento como imprescindíveis para uma escrita fluente, bem como o ceticismo sobre os efeitos positivos do uso moderado do tempo para compor são sustentados, sobretudo, entre aqueles que possuem altas expectativas em escrever de modo criativo. Como ele expõe:

> Os céticos supõem que, embora a compulsão e a mania possam dificultar a escrita dos tipos acadêmicos que eu geralmente estudo, os artistas verdadeiramente criativos de fato precisam experimentar: (a) uma depressão maníaca, intensamente; (b) outros tipos de ineficiências, como procrastinar, bloqueio e sofrimento para gerenciar melhor o seu trabalho. (BOICE, 1997, p. 452)

Boice (1994) não discorda que maratonas de escrita, carregadas emocionalmente, possam resultar em circunstanciais produções literárias profícuas em alguns casos. Porém, é taxativo em afirmar que esse regime da escrita produz mais efeitos nocivos do que positivos. Afinal, embora muitos escritores prosperem com episódios de escrita compulsiva, eles "pagam o preço: quando olhamos de perto para indivíduos que administraram a motivação através do trabalho em grandes maratonas (como Ayn Rand e Anthony Trollope), vemos evidências de exaustão pouco saudável, de depressão induzida e de insatisfação em potencial" (BOICE, 1994, p. 15).

A crença na efetividade do uso de grandes blocos de tempo para escrever induz as pessoas que mais se sentem bloqueadas a programar a escrita para momentos de lazer e descanso, como nos finais de semana, feriados e férias. Com isso, o ato de escrever torna-se automaticamente concorrente com situações de convívio social com a família, amigos e com outras atividades incompatíveis com o esforço exigido pela escrita, sendo, por conseguinte, associado ao "roubo" do tempo para o repouso e a descontração. Além disso, maratonas de escrita ocorrem, quase sempre, próximas de prazos de entregas de textos ou após prazos vencidos. Por sua vez, o alívio e a euforia pós-término da escrita dão rapidamente lugar à ansiedade e à culpa decorrentes de uma redação apressada e sem revisão, motivo entre os quais acadêmicas e acadêmicos adeptos de maratonas de escrita têm menos artigos aceitos e experimentam menos o senso de construção sólida de argumentos e de análises aprimoradas (BOICE, 1989, 1992, 1997).

Esses achados reiterados nas pesquisas de Boice o levam a afirmar que uma das diferenças entre quem consegue e quem não consegue escrever com bem-estar em sua trajetória acadêmica, está no valor atribuído aos períodos breves de tempo para se dedicar à escrita. Essa conclusão advém da constatação de que "acadêmicos que escrevem não têm mais tempo livre para escrever, ou menos compromissos sociais, que seus colegas que não escrevem. Aqueles que escrevem frequentemente criam tempo para tanto" (BOICE & JONES, 1984a, p. 569).

No próximo capítulo, retomo a defesa de Boice do uso breve e regular do tempo como uma das saídas para enfrentar o bloqueio da escrita. No penúltimo capítulo, avalio criticamente tal princípio, tendo em vista os impactos do neoliberalismo na experiência do tempo no trabalho acadêmico, especialmente, em contextos como o brasileiro.

Os bastidores do universo editorial

O desconhecimento do universo informal da editoração de periódicos científicos é outro obstáculo para a aquisição de uma escrita fluente e confortável, especialmente entre jovens pesquisadoras e pesquisadores. Isso ocorre porque esses sujeitos têm escassa consciência dos meandros do sistema de avaliação científica, que só o tempo e as relações sociais no interior das instituições acadêmicas propiciam. Desconhecem, por exemplo, os intricados trâmites de aceite ou de rejeição de um texto acadêmico, que vão além do mérito literário e científico. Ignoram, desse modo, que a aceitação de um artigo vai além da análise de sua qualidade e sua relevância, embora essas características sejam, quase sempre, indispensáveis.[10]

Outros fenômenos próprios ao universo da avaliação de artigos científicos são, por si só, suficientes para explicar a ocorrência de episódios de bloqueio da escrita. A alta probabilidade de rejeição, a distância temporal entre o processo de escrita de um texto, sua submissão em um sistema de avaliação, o parecer de aceite ou rejeição e a sua publicação representam motivos para o abandono da escrita. Em outras palavras, além do elevado esforço dedicado à escrita de um

---

[10] O "quase sempre" é necessário porque são inúmeros os casos de artigos rejeitados devido a outras razões que não a ausência de valor e de qualidade científica (ver: CAMPANÁRIO 2009).

artigo, autores e autoras precisam esperar meses, quando não um ano ou mais, como é comum no caso de inúmeros periódicos, para receber o parecer de artigos, e mais tempo ainda para a sua publicação. Isso quando o artigo não é rejeitado, o que é mais provável, em termos estatísticos, nos periódicos mais bem avaliados de praticamente todas as áreas do conhecimento.

Boice (1994) identifica o crescimento exponencial da publicação científica, em termos de números de revistas lançadas e artigos publicados, como outro fator desmotivador do engajamento com a escrita acadêmica. Esse fenômeno é percebido, por ele, em relatos de acadêmicos e acadêmicas que justificam a falta de motivação para escrever na massificação da publicação científica e nos bastidores do universo editorial da ciência. É difícil desvincular, contudo, tais justificativas do sentimento de frustração, de muitos acadêmicos e acadêmicas, por não conseguirem escrever e publicar satisfatoriamente. O depoimento, descrito por Boice (1994, p. 9), de um pesquisador com dificuldades de instaurar uma rotina de escrita e de publicar seus artigos sugere a impossibilidade de separar as consequências da massificação das publicações científicas – e dos trâmites do mundo editorial – do ressentimento por não conseguir escrever e publicar como desejado.

> Por que escrever? Olhe essas porcarias já todas publicadas em periódicos científicos; por que adicionar mais merda em uma pilha disso? Muito disso é somente política e privilégio. As mesmas pessoas que fazem a maioria das publicações conhecem umas às outras e revisam os manuscritos umas das outras. Pouco do que elas leem vale a pena ser lido.

Para muitos, o universo editorial da ciência pode referir-se a uma causa secundária do bloqueio da escrita acadêmica. Todavia, a centralidade que a publicação de artigos possui enquanto item determinante da carreira acadêmica e da organização social da ciência deveria ser razão suficiente para que, no mínimo, a explicitação dos bastidores da comunicação científica fosse incluída como conteúdo obrigatório na formação de jovens universitários (para propostas nesse sentido ver BELCHER, 2009; GOODSON, 2012; THONNEY, 2016).

A crítica como punição

Boice aborda o papel da crítica na instauração do bloqueio da escrita de maneira dispersa ao longo dos seus escritos. Provável razão para tanto é o caráter autoevidente dos impactos psicológicos da crítica sobre a escrita acadêmica, uma vez que mesmo a crítica assertiva, didática e instrutiva pode provocar, na maior parte dos escritores e escritoras, reações como raiva, frustração, vergonha, culpa e desânimo. Sabemos, contudo, que críticas assertivas e pedagógicas não são a regra no ambiente universitário. Ademais, acadêmicos e acadêmicas ignoram, com relativa facilidade, que criticar um texto é quase sempre mais fácil do que escrever com maestria (WALLACE et al., 1996)

O desprezo por essa constatação é percebido em bancas de qualificação de dissertações de mestrado e de teses doutorado, quando padrões inalcançáveis de escrita são exigidos de muitos estudantes. Nessas ocasiões, são comuns orientações incompatíveis com o tempo disponível para o término do texto, com o grau de conhecimento e com o nível de escrita e de leitura dos estudantes avaliados. Comum também é a exigência para empregar métodos, teorias e conceitos muitas vezes conflitantes entre si, sem que tais dificuldades e antagonismos sejam enunciados pelos avaliadores e avaliadoras. Como consequência, muitos estudantes se veem, durante meses, em buscas fracassadas para conciliar teorias, conceitos e métodos, em períodos de tempo vivenciados diariamente como insuficientes para a tarefa. Sem dizer que bancas de qualificação e defesa de mestrado e de doutorado servem, em muitas ocasiões, mais como palco de disputas não declaradas entre os seus membros do que como espaço comprometido com a formação de escritoras e escritores acadêmicos. Ora, o que podemos esperar de circunstâncias como essas é a inércia perante o texto a ser reescrito e desenvolvido.

As barreiras psicológicas para lidar com a crítica seriam perpetuadas no interior da vida acadêmica porque muitos de nós fomos submetidos a avaliações agressivas e nada pedagógicas durante nossas trajetórias como estudantes. Logo, como docentes, é de se esperar que provavelmente reproduziremos aquilo que nos foi ensinado. Por outro lado, aqueles que foram imunizados de críticas agressivas – se é que isso é possível durante a vida acadêmica – podem ter esquecido o quão complexo e árduo foi o processo que os levou a lidar efetivamente com as apreciações de seus textos como parte fundamental de suas vidas profissionais.

Por último, sobre este tópico, deixo uma indagação que faço a mim mesmo quando ocupo o papel de avaliador: o quanto exijo dos outros aquilo que eu mesmo tive, e tenho, dificuldades ao escrever? Esta pergunta é útil, sobretudo, para conter o meu ímpeto de impor aos outros níveis de exigências discrepantes com a realidade. Igualmente, desacelera minha propensão a apontar mais o que os outros não conseguiram escrever do que auxiliá-los na busca efetiva por soluções, apontando qualidades, mínimas que sejam, em suas produções textuais, algo também pouco frequente na avaliação da escrita acadêmica.

Gênero e bloqueio da escrita

Embora Boice verse sobre as relações entre gênero e escrita de maneira incipiente, vale a pena mencionar seu tratamento da temática. Grosso modo, em termos teóricos e empíricos, as questões de gênero aparecem em suas pesquisas de maneira dispersa, corroborando o que já se fazia conhecido na literatura feminista das décadas de 1960 e 1970: que a lógica da discriminação contra as mulheres no mundo do trabalho, e na sociedade como um todo, se reproduzia na esfera da escrita acadêmica.

Boice reconhece que as mulheres ingressantes na universidade estadunidense, das décadas de 1960 e de 1970, foram as precursoras dos debates sobre o controle social da escrita no âmbito científico. Igualmente, foram responsáveis por criar espaços de auxílio prático para que elas e outras minorias sociais desenvolvessem habilidades de escrita e de leitura pouco aperfeiçoadas em suas trajetórias acadêmicas.

Uma das contribuições de Boice para o debate é sua averiguação de que, nos Estados Unidos, as acadêmicas do final da década de 1970 e início da década de 1980 escreviam e publicavam com frequência mais elevada e em meios de comunicação mais relevantes do que as acadêmicas de gerações anteriores. Mas esse avanço não ocorria sem custos psicológicos. Em estudo no qual compara o nível de satisfação e de produtividade entre pesquisadores e pesquisadoras da psicologia, Boice, Shaughnessy e Pecker (1985c) evidenciam que a crescente equidade no campo da publicação científica – em termos quantitativos e qualitativos – entre homens e mulheres vinha acompanhada, para as elas, de maior dispêndio de tempo, mais esforço e mais desgaste psicológico na vida profissional e pessoal. No mesmo estudo, ao responderem questionário de autopercepção de sentimentos e pensamentos relacionados à prática escrita e à publicação, as psicólogas mostravam-se 50% mais pressionadas do que os psicólogos para escrever e publicar. Percebiam, também, o processo editorial como pouco democrático e expunham episódios de machismo, especialmente em comentários emitidos por editores em pareceres de artigos rejeitados.

As implicações da disparidade das condições para escrever e publicar, entre homens e mulheres, são igualmente refletidas na maior incidência, entre acadêmicas, de relatos de ansiedade e depressão. Ainda segundo Boice, quando comparadas aos psicólogos, psicólogas apresentavam mais adesão ao perfeccionismo, ao isolamento social, ao uso de maratonas de escrita e eram mais resistentes à instrução e ao compartilhamento de seus textos. Boice assevera que essas características muitas vezes eram interpretadas como traços da personalidade feminina, embora fossem, na realidade, manifestações da desigualdade nas relações de gênero presentes no campo da escrita.

Tendo em vista os limites das proposições de Boice para a temática do gênero no campo da escrita e considerando a prevalência do bloqueio da escrita entre as mulheres (GRANT & SALLY, 2000), uma exploração ainda que incipiente sobre o tema se faz necessária. Para tanto, recorro ao trabalho de Mary Cayton (1990).

Depois de anos lecionando disciplinas e organizando grupos colaborativos de escrita acadêmica para estudantes de graduação e pós-graduação, Cayton (1990) conclui que as alunas matriculadas em suas turmas possuíam, antes de ingressarem no ensino universitário, histórico de sucesso com a prática escrita superior ao dos colegas do sexo oposto. Aquelas estudantes eram mulheres que escreviam com desenvoltura em seus diários e se articulavam talentosamente quando falavam informalmente na primeira pessoa. "No entanto, elas congelam e resistem quando a questão é negociar os desafios da prosa acadêmica" (1990, p.321).

O que surpreendia Cayton era que os homens que procuravam o seu auxílio, declarando-se em estado de sofrimento psicológico para escrever, aderiam com mais disposição às propostas para tratar o bloqueio da escrita e dificilmente as questionavam. Na realidade, os homens ingressavam nas atividades ofertadas por Cayton com demandas claras por auxílio imediato e prático para escrever com fluência e conforto. Por outro lado, parte significativa das mulheres resistia aos princípios práticos da escrita fluente sugeridos por ela. Em primeiro lugar, exigiam espaços para expressar sentimentos e pensamentos sobre as adversidades para escrever na universidade. Para Cayton, esse fenômeno sugeria que homens e mulheres negociam psicologicamente de forma distinta a relação com seus projetos textuais de médio e longo prazo, como monografias, dissertações e teses. E que a principal razão para tanto é que as acadêmicas sentem, de modo consciente ou não, que a escrita define a totalidade de suas identidades. Por isso, o bloqueio da escrita entre as mulheres extrapolaria, mais do que para os homens, o momento e o contexto da escrita em si.

O bloqueio da escrita para a população feminina resultaria da escassa licença que a maioria das mulheres possui para entrar na "conversa" acadêmica, uma vez que *a priori* os tópicos discutidos na arena universitária são, em grande medida, ditados pelos homens. A partir de debates feministas sobre o domínio da linguagem masculina na sociedade ocidental, Cayton argumenta que o bloqueio da escrita acadêmica entre as mulheres é mais um sintoma do cerceamento da autoexpressão pública feminina, em um mundo cuja linguagem masculina predomina como se fosse a linguagem natural das coisas.

O impacto mais evidente desse quadro seria o constante sentimento, entre as mulheres, de que estão lutando para que suas falas e escritas não sejam integralmente expropriadas pela hegemonia da linguagem masculina. Segue-se a essa conclusão que:

> Para muitas mulheres, o processo de escrever na academia quase sempre envolve um passo extra: o esclarecimento de uma questão na linguagem da própria experiência, e sua tradução em um modo de discurso que pode não ter uma estrutura prontamente disponível para acomodá-la (Cayton, 1990, p. 333).

Cayton confessa que seus próprios grupos colaborativos de escrita acabavam por reproduzir muito daquilo que era seu intuito combater. Naqueles espaços, organizados com a finalidade de gerar empatia para com as narrativas de sofrimento com a escrita e orientados para permissão do compartilhamento de textos em desenvolvimento, as mulheres recebiam, com frequência mais elevada do que os homens, críticas agressivas e retornos generalistas de seus manuscritos. Desse modo, a falta de confiança para escrever era retroalimentada em ambiente instituído justamente para enfrentar formas de controle da linguagem prejudiciais à escrita fluente e confortável. Como resultado, a motivação para escrever das participantes de seus grupos colaborativos mantinha-se baixa e a adesão a hábitos como o isolamento e o perfeccionismo se intensificavam.

Essa situação leva Cayton a argumentar que, por terem a linguagem oral e escrita mais cerceada do que os homens, as mulheres extraem menos benefícios de estratégias de tratamento do bloqueio da escrita, como aquelas voltadas para exposição públicas de suas falas e, principalmente, de seus textos. A recomendação do recurso à escrita livre exemplifica o problema. Considerado um dos mais básicos princípios da composição escrita para tratar o bloqueio da escrita, como veremos no quinto capítulo, o emprego da escrita livre prevê que a pessoa escreva o mais rápido possível, sem se preocupar com a qualidade de seu texto e diminuindo, o máximo possível, a distância entre pensamento e o ato de escrever. Mas, se acadêmicas experimentam níveis mais elevados de autoexigência do que os homens com respeito ao uso da linguagem escrita, é provável que a adesão à recomendação de escrever livremente, sem preocupar-se com qualquer avaliação, seja baixa ou nula. Embora isso não invalide a escrita livre, na verdade, quando adotada, ela se mostra especialmente efetiva entre as mulheres. Esse quadro indica como qualquer recurso para tratar o bloqueio da escrita demanda atenção especial à questão de gênero.[11]

Infelicidade e impaciência para escrever

Atividades que demandam longos períodos de tempo e que enfatizam o produto final, e não o processo, elevam subs-

---

[11] Para um exemplo de debate atual sobre as relações entre a escrita acadêmica e as relações de gênero, ver: Mitchell (2017).

tancialmente a probabilidade da incidência de sentimentos de tristeza, impaciência e desmotivação. O foco no término da escrita de teses, dissertações e monografias representa bem essa situação nos cursos de graduação e pós-graduação. Como consequência, mesmo sabendo que aqueles artefatos literários demandam meses ou anos para serem finalizados, acadêmicos e acadêmicas vivenciam como fracasso indiscutível o lento avanço da composição de seus textos; e essa condição, por sua vez, gera um dos sentimentos mais comuns do cotidiano acadêmico: o sentimento constante de que o trabalho de escrita nunca será finalizado, independente de quanto esforço seja empregado para tanto. (BOICE, 1983a, 1992, 1993a, 1996a).

Em estudo no qual investigam o nível de felicidade e satisfação com o trabalho, em uma amostra de profissionais da psicologia clínica, em comparação com profissionais da psicologia inseridos no mercado acadêmico, Boice e Myers (1987b) nos dão outras razões para o senso de incompletude diária de tarefas tão presente na vida acadêmica. Em primeiro lugar, constatam que psicólogas e psicólogos clínicos manifestam níveis de satisfação com o trabalho mais elevados do que psicólogas e psicólogos acadêmicos. Motivo central para tanto é que os primeiros experimentam mais a sensação de que parte de suas atividades cotidianas tiveram começo, meio e fim, enquanto, por outro lado, seus colegas acadêmicos raramente acabam o dia de trabalho com a percepção de que finalizaram suas tarefas. Ademais, psicólogas e psicólogos acadêmicos se mostram mais preocupados com as avaliações de seus colegas e mais insatisfeitos mesmo quando terminavam trabalhos complexos e de longo prazo, pois o término de qualquer tarefa acadêmica é um "lembrete" da existência de outras inúmeras tarefas ainda por concluir. Por último, Boice afirma que psicólogas e psicólogos clínicos apresentam níveis muito mais baixos de estresse e exibem menores níveis de tristeza, negativismo e cinismo em relação ao valor do próprio trabalho, porque estão menos imersos na burocracia da vida acadêmica e veem seus colegas de profissão mais como colaboradores do que competidores.

Ainda de acordo com Boice (1994), a impaciência, especialmente entre estudantes de graduação e pós-graduação, resultaria do compartilhamento da crença de que já deveriam dominar com precisão conceitos, teorias e métodos que pesquisadoras e pesquisadores experientes demoraram anos, às vezes décadas, para empregar com fluência e segurança na oralidade e na escrita. Assim, muitos jovens estudantes sentem-se frustrados e desmotivados quando percebem que seus textos não se parecem com os dos autores e das autoras que admiram, sem ponderar que níveis elevados de composição da escrita acadêmica demandam aprendizagem de habilidades específicas ao longo de extensos períodos de tempo.

Um estudante de pós-graduação entrevistado por Boice (1994), ao ser questionado por que era tão difícil ter calma para escrever, expõe como a impaciência se faz entrelaçada às premissas tradicionais segundo as quais a escrita fluente e de qualidade deveria acontecer naturalmente. Nas suas palavras:

> Quando não consigo escrever tão rápido e sem esforço quanto quero, eu me preocupo em não ser tão brilhante quanto alguns escritores que admiro. Quando tenho que descobrir o que quero dizer, sinto esse tipo de impaciência, que é acompanhada por uma pequena voz que me diz que se eu fosse realmente criativo e inteligente, não deveria ter que lutar para escrever (p. 52).

O relato evidencia outra razão da impaciência para escrever: a suposição de que a escrita de ideias novas procede da formação de um pensamento claro, totalmente encadeado e sem qualquer mal-estar psicológico. Ignora-se, assim, que muito daquilo que surge como pensamento novo e criativo, em qualquer gênero textual, é muitas vezes gerado ao mesmo tempo em que se escreve de modo aproximativo, imperfeito, inseguro, não linear e fragmentado. Desconsidera-se, igualmente, que, em inúmeras ocasiões, escrevemos para descobrir o que temos a dizer, em vez de escrevermos para dizer o que sabíamos previamente com exatidão.

A impaciência para escrever também resultaria do valor do artigo científico como principal moeda de troca na ciência e, por conseguinte, da crescente pressão para escrever e publicar o maior número possível de textos (BOICE, 1985b, 1991, 1995a, 1995b). O efeito colateral mais notável desse processo tem sido a instauração de um regime de escrita no qual, independente do número de artigos aceitos e publicados, o sentimento vigente é de um infindável débito com credores de um mercado altamente competitivo e excludente. O critério de quantidade de publicações impactaria não apenas no sentimento de impaciência para escrever, mas na própria construção da identidade profissional e pessoal de acadêmicas e de acadêmicos que se veem inevitavelmente definidos pela quantidade de artigos publicados (DAVIES, 2005; GUAZI; LAURENTI, 2015).

É plausível conjecturar que a impaciência para escrever seja mais comum hoje do que à época das pesquisas de Boice, nas décadas de 1970, 1980 e 1990. Isso porque o aumento da impaciência, não só para escrever, mas para exercer qualquer atividade que demande concentração, tornou-se sintoma comum da sociedade contemporânea. Basta dizer que, a despeito das controvérsias acerca do diagnóstico e do tratamento do que se convencionou nomear de transtornos de atenção, dificilmente alguém discordaria de que vivemos em uma época na qual manter-se minimamente concentrado, por poucos minutos, em uma única tarefa, tornou-se quase impossível. Tanto é assim que o debate sobre a matéria tem extrapolado os campos médico e psicológico. Exemplar, nesse sentido, é a discussão alçada pelo filósofo Matthew Crawford (2014), o qual argumenta que a atenção, enquanto um recurso psicológico finito, ocupa, na atualidade, lugar de mercadoria a ser incessantemente explorada pelo sistema capitalista. A atenção das pessoas, de qualquer raça, gênero, classe social e idade, tornou-se hoje, mais do que nunca, uma experiência a ser capturada a todo instante, e em todo lugar, com o intuito de impulsionar o constante desejo de consumo de bens, serviços e produtos. O dano mais evidente desse quadro é o esgotamento da atenção para tarefas que requerem níveis médios e elevados de concentração, como ler e escrever academicamente.

O acirrado mercado da atenção psicológica expõe como questões de ordem macrossocial se entrelaçam ao sofrimento psicológico para escrever. Embora qualquer debate nesse sentido ultrapasse o escopo deste livro, vale conjecturar que a população acadêmica seja uma vítima em potencial das dificuldades de manter a atenção para o trabalho da escrita. O treino que acadêmicas e acadêmicos possuem para buscar e acessar informações e o exponencial crescimento da produção científica denotam razões mais do que suficientes para acentuar a impaciência para escrever. Do mesmo modo, pouco se assume que a acirrada disputa pela atenção para o consumo também se faz existente no mercado da editoração e da comunicação científica. Isso, especialmente, nas últimas décadas, quando a expansão do acesso à inúmeras bases de dados e a decorrente disponibilidade de uma massa interminável de documentos tornaram-se aparentemente disponíveis a apenas um clique.

Procrastinação e bloqueio da escrita

Para Boice o ato de procrastinar consiste em agir, de forma consciente ou não, em função das consequências de curto prazo de modo a evitar atividades que exigem esforços que produzirão resultados somente em longo prazo. Em termos práticos, isso significa evitar o início de atividades complexas cujos resultados são incertos e atrasados, em favor de ações simples e com efeitos imediatos. Exemplo: um estudante planeja dedicar o dia para escrever um capítulo de sua tese de doutorado, mas logo antes de iniciar a atividade opta por limpar a mesa de trabalho, depois o quarto, depois a sala e depois a casa inteira como suposta pré-condição para começar a escrever, quando, na realidade, cada um daquele atos foi emitido de modo a evitar o desprazer, mínimo que seja, de escrever parte de um capítulo que ainda pode demorar semanas ou meses para ser finalizado.

O bloqueio e a procrastinação são fenômenos psicológicos complementares e inseparáveis, sendo muitas vezes impossível precisar onde um termina e o outro começa. No caso da prática escrita, tanto o bloqueio quanto a procrastinação assumem formas particulares devido ao cenário cultural e a história de vida de cada pessoa. Certos padrões de ação, todavia, são mais esperados do que outros e indicam a função desses comportamentos. No caso do bloqueio da escrita,

> A escrita é adiada para evitar a ansiedade de antecipar falhas, e a procrastinação continua até o prazo final. Então as tensões aumentam e o pânico do bloqueio surge. O que começou como uma tentativa de controlar um estado de humor desconfortável transforma-se em emoções fora do controle (1996, p. xiii).

A procrastinação implica atrasar uma ação e o bloqueio implicar paralisar perante a ação a ser executada. Ambos ocorrem de modo a evitar ou fugir do mal-estar psicológico da provável punição social, decorrente do escrutínio público da ação procrastinada ou bloqueada. Para Boice, o bloqueio da escrita e a procrastinação têm sido fenômenos psicológicos frequentemente relacionados a traços de personalidade. Em sua visão, essa seria, contudo, uma perspectiva limitada daqueles problemas, pois, independente de certas pessoas serem mais suscetíveis do que outras a experimentar o bloqueio e a procrastinação, certos contextos sociais aumentam ou diminuem a probabilidade de ocorrência daqueles fenômenos independente do perfil psicológico dos indivíduos. Boice faz essa afirmação a partir da constatação de que a procrastinação e o bloqueio aumentam substancialmente entre estudantes universitários à medida que esses sujeitos avançam na trajetória acadêmica.

Boice (1996a) ainda sugere que os relatos de procrastinação, entre aqueles que sofrem com o atraso de tarefas acadêmicas, têm sido um antigo meio de socialização entre universitários. Isso é algo perceptível na representação do estudante procrastinador como uma figura amavelmente desorganizada e perdoável, em contraposição à figura do estudante que entrega suas atividades no prazo como alguém rígido e conservador. No âmbito acadêmico, o valor de autoconceituar-se como procrastinador equivaleria, muitas vezes, a representar-se publicamente como uma pessoa transgressora das normas sociais e propensa a realizações criativas espontâneas e totalmente inovadoras. Nada mais ilusório quando se constata que os acadêmicos e acadêmicas que realizam tarefas complexas e criativas, que demandam extensos períodos de tempo, são, em sua maioria, efetivos no cumprimento de prazos e trabalham com mais regularidade do que seus pares imaginam. Isso ocorre mesmo em redutos universitários nos quais seus integrantes se mostram avessos a assumir publicamente qualquer discurso de busca por excelência e por reconhecimento no trabalho.

O que o humor sarcástico esconde

Boice (1982a) elenca o humor sarcástico, tão presente e valorizado na esfera universitária, como outro fator explicativo do sofrimento com a escrita acadêmica. Para o psicólogo estadunidense, ao utilizar tal forma de linguagem, direcionada a si e aos pares, acadêmicas e acadêmicos atenuariam a gravidade do bloqueio da escrita, impedindo o avanço de análises e intervenções do problema. Em outros termos, o uso do humor sarcástico – prova de sofisticação intelectual para muitos – inibiria a consciência crítica das condições mantenedoras do sofrimento mental na prática da escrita acadêmica e, com isso, desprezaria a demanda por intervenções clínicas, educacionais e institucionais que o problema exige.

Quando direcionado a si mesmos, estudantes e docentes tendem a utilizar o humor sarcástico de forma autodepreciativa, por meio de piadas ou comentários supostamente engraçados sobre a incapacidade de escreverem satisfatoriamente.

Quando direcionado aos outros, o uso do humor sarcástico tem como alvo os pares profícuos na prática escrita. Nesses casos, o propósito, seja deliberado ou não, é rebaixar moralmente os que fazem, no dia a dia acadêmico, aquilo que a maioria deseja, mas que dificilmente consegue: escrever com proficiência. Para tanto, rotulam seus colegas fluentes na escrita como indivíduos "quadrados", "certinhos" e "conservadores". São, assim, qualificadas como pessoas superficiais e alienadas, quando não referenciadas por meio de classificações psicológicas com sentido pejorativo na linguagem do senso comum, como "obsessivas" ou "neuróticas".

Ainda segundo Boice, estudantes e docentes profícuos com a prática textual, muitas vezes, são descritos pelos pares como pessoas infelizes, pois o sucesso com a escrita estaria relacionado ao sacrifício de outras esferas da vida. Como ouvi recentemente de um estudante de pós-graduação ao comentar sobre um colega que havia publicado, em curto espaço de tempo, três artigos: "*Se eu tiver que sacrificar minha vida para escrever assim, eu nunca escreverei. Eu não sou cachorro da pós-graduação como esse povo que vive para escrever.*" Na ocasião, perguntei ao estudante se tinha conhecimento dos hábitos de escrita do colega e se sabia o que ele havia sacrificado para conseguir escrever e publicar. A resposta obtida foi que nunca havia conversado com o colega, "*somente sabia que era assim na vida acadêmica e pronto!*"

Para Boice, embora o sacrifício da vida pessoal possa ocorrer para o exercício da escrita acadêmica, como pode ocorrer quando da necessidade de exercer qualquer outra atividade laboral, seria possível conferir outros significados àquele tipo de conceituação simplista sobre as pessoas que conseguem escrever com fluência. Por exemplo, ele argumenta que sujeitos fluentes na prática da escrita acadêmica não seriam necessariamente infelizes e não necessariamente sacrificariam a vida pessoal para escrever, como seus pares com dificuldades creem. Na realidade, o contrário era muitas vezes verdadeiro: acadêmicas e acadêmicos tinham a vida pessoal prejudicada justamente porque não conseguiam escrever. Por outro lado, os sujeitos qualificados como exímios escritores acadêmicos tinham mais tempo para a vida pessoal porque possuíam uma rotina de trabalho mais satisfatória e organizada (Boice, 1990a, 1996a, 1997).

Para Boice, a prevalência da linguagem irônica e sarcástica entre as pessoas em estado de sofrimento psicológico com a escrita acadêmica significava também que "O tópico do PB [procrastinação e bloqueio] sempre atrairá, suponho, o humor como forma de aliviar a dor. Alguns dos textos mais engraçados são sobre PB" (BOICE, 1996, p.xxii). No entanto, em sua visão, compactuar com piadas sobre a procrastinação e o bloqueio seria o mesmo que aceitarmos, como profissionais da saúde, as desculpas das empresas de tabaco por seus "mal-entendidos" e ainda rir disso.

Valores pessoais e escrita acadêmica

Embora Robert Boice discuta de modo incipiente a questão dos valores e objetivos pessoais para interpretar os determinantes do bloqueio da escrita, tomei a liberdade de inseri-la neste livro devido à sua relação com um dos sentimentos mais correntes entre as pessoas que sofrem para escrever na universidade: a ausência do senso de propósito na prática da escrita.

Em termos gerais, a psicologia tem definido objetivos pessoais como ações orientadas para um fim demarcado em nossas vidas. Ingressar na pós-graduação, finalizar a dissertação, obter o título de mestrado ou doutorado, ser aprovado em um concurso, publicar um artigo são exemplos de objetivos que permeiam a vida de muitos acadêmicos e acadêmicas. Valores pessoais, por outro lado, não possuem fim delimitado pela aquisição de algum bem de consumo, ganho de título, alcance de meta ou de posição social. Valores não são mensuráveis em termos de quantidade e só podem ser descritos em termos de qualidade. Nas palavras de Hayes (2019): "Os valores são frequentemente discutidos como coisas que temos, mas os valores não são objetos. E eles não são objetivos" (p.117). Por outro lado, os "objetivos são finitos; eles são conquistas e, uma vez alcançados, você os finaliza. Os valores são guias duradouros e contínuos para a vida. Você não pode alcançar um valor; você só pode manifestá-lo agindo de acordo com ele" (p.117).

Em grande medida, os objetivos são norteados por ajustamento às convenções sociais, como, por exemplo, a busca por reconhecimento social como suposta condição para alcance da felicidade. Ações orientadas apenas por objetivos, sem qualquer conexão com os valores, tendem a gerar estados motivacionais frágeis. Trata-se de algo evidente quando nos percebemos intimamente ressentidos mesmo após atingir um objetivo muito almejado. Uma das razões para tanto é que, quando nossas ações estão orientadas apenas para objetivos, o foco de nossa atenção é o futuro. Como decorrência, nossa sensibilidade ao processo de realização das coisas, no presente, é enfraquecida. Por exemplo: enquanto uma escritora acadêmica norteada por valores como justiça social e resolução de problemas intelectuais experimenta satisfação logo após revisar um parágrafo de seu novo artigo, outra escritora norteada principalmente pelo objetivo de finalizar seu artigo, apenas para publicá-lo o mais rápido o possível, sente-se insatisfeita e frustrada porque o término da revisão de um parágrafo apenas serve-lhe para recordar que ainda é necessário revisar outros inúmeros parágrafos até finalizar o manuscrito.

Quando objetivos e valores estão conectados, a motivação, o entusiasmo, a resiliência, a paciência e o senso de presença durante a prática escrita tendem a ser fortalecidos, propiciando satisfação a despeito dos percalços envolvidos na redação de um texto. A ânsia de concluir uma tese, dissertação ou monografia é mitigada à medida que o processo se torna o foco durante a composição textual. Mas o alinhamento entre objetivos e valores raramente é harmônico no âmbito da escrita acadêmica. A pressão social por sucesso, consagração individual, aquisição e produção de mercadorias acadêmicas (artigos científicos seriam também uma mercadoria?) impede, muitas vezes, a efetiva convergência entre objetivos e valores.

Alguns relatos denotam a falta de vínculo entre os objetivos e os valores do pesquisador ou pesquisadora para escrever seus textos: "Sinto que essa dissertação não é minha"; "Não tem mais sentido escrever isso"; "Pra que escrever isso?"; "Não me identifico com esse texto"; "Terminei o texto, mas não senti nenhuma satisfação"; "Estou escrevendo só pra terminar"; "Escrevo apenas para ter o título."

Outros dois exemplos de situações típicas na universidade resumem como a desconexão entre objetivos e valores compõe quadros de bloqueio da escrita. No primeiro, um estudante é obrigado a mudar os rumos teóricos e metodológicos de seu projeto de pesquisa logo após o ingresso na pós-graduação – isso mesmo depois de anos envolvido com determinadas teorias, conceitos, métodos e problemas de pesquisa. As razões para tal alteração de percurso da pesquisa podem ir da imposição autoritária do orientador ou orientadora, muitas vezes sem qualquer justificativa coerente, até o ingresso em uma linha de pesquisa incompatível com o histórico acadêmico do estudante. Não suponho que a imposição autoritária de mudanças de rumos da pesquisa seja a regra quando estudantes são solicitados a alterar seus projetos de pesquisa. Mas exemplos não faltam de orientadores e orientadoras que desprezam qualquer possibilidade de seus orientandos e orientandas recorreram a perspectivas teóricas e metodológicas minimamente incompatíveis com as suas. Igualmente, todos sabemos que disputas no interior das comunidades acadêmicas impossibilitam que muitos alunos e alunas utilizem teorias, conceitos e métodos atrelados aos "inimigos" dos orientadores e orientadoras. Os efeitos disso são a perda de identidade com o texto e a quebra de expectativas, em alguns casos alimentadas durante anos, de escrever a partir de certos pontos de vista conectados aos valores, objetivos e história pessoal do pesquisador ou pesquisadora.

O segundo exemplo é representado por casos nos quais o ingresso em uma pós-graduação é motivado pelo suposto prestígio do título acadêmico, ou por possibilidades de progressão na carreira. Comum nesses casos são decisões tomadas por estudantes sem maiores ponderações sobre os impactos da ausência de vínculo entre objetivos e valores quando do ingresso em um mestrado, por exemplo. Ao abrir mão dos valores em prol dos objetivos, estudantes tendem a apresentar níveis mais baixos de tolerância aos inevitáveis obstáculos da vida e da escrita acadêmica quando comparados aos estudantes que mantiveram algum nível de coerência, mínima que seja, entre seus valores e os objetivos de cursar uma pós-graduação.

Isso não significa, contudo, que apenas estudantes completamente identificados com seus objetos de pesquisas sejam legítimos candidatos a realizar um mestrado ou doutorado e a escrever com fluência e conforto. Nem mesmo que o ingresso na pós-graduação deva ser restrito somente a pessoas capazes de justificar a escolha em valores como o amor ao conhecimento ou desejo de aprender; até porque não há escolha desinteressada no mundo acadêmico. O problema é a preponderância irrefletida dos objetivos em detrimento dos valores quando da tomada de decisões acerca da vida acadêmica.[12]

---

[12] Para os interessados em se aprofundar no debate sobre os conceitos de valor e objetivo pessoal na psicologia, ver: Chase, Houmanfar, Hayes, Ward, Vilardaga, & Follete (2012). E para os interessados no debate sobre a questão dos valores na organização social da ciência, ver: Shapin (2008).

POR QUE RESISTIMOS A TRATAR O PROBLEMA

O significativo número de oficinas de escrita criativa ofertadas pelo país, em contraste com o número ínfimo de disciplinas e oficinas de escrita ofertadas para estudantes de graduação e pós-graduação, é só mais uma das provas do escasso empenho, no Brasil, em estabelecer espaços de formação no campo da escrita. Adiciona-se a isso o fato de que, nas últimas décadas, a escrita criativa tem se estabelecido, em universidades de vários países, como um campo próprio de pesquisa e de ensino, orientado, dentre outras coisas, também para o estudo e desenvolvimento da escrita acadêmica em suas mais diversas vertentes. No Brasil, por outro lado, as poucas inserções da escrita criativa na universidade, embora relevantes, são restritas aos gêneros ficcionais e jornalístico.

Uma das prováveis razões para o parco envolvimento com a temática do bloqueio da escrita, em solo nacional, é o elitismo que atravessa a vida acadêmica brasileira. Localizo sinais desse fenômeno durante palestras, disciplinas, conferências e cursos, quando defendo a relevância de estratégias práticas para aquisição de fluência e conforto psicológico na escrita acadêmica. Nesses momentos é comum ouvir de meus pares alegações de que a escrita "deveria ocorrer naturalmente", de que "meu trabalho é interessante, mas parece facilitar demais a vida dos estudantes", de que "comigo não foi assim, eu sentava e escrevia", ou, como escutei de uma professora altamente qualificada, no campo da educação, bastante irritada com a minha defesa da inclusão de disciplinas de escrita na graduação e na pós-graduação: "Robson, se o aluno chegou aqui, ele tem que se virar. Comigo não teve nada disso!"

Se realmente esse quadro denota uma atitude existente na universidade brasileira, é de se esperar que a resistência a qualquer proposta de auxílio para escrever com fluência e conforto seja de antemão menosprezada por aqui. Logo, a oposição em intervir nas dificuldades psicológicas da escrita acadêmica constitui obstáculo central para superação do problema. Conquanto Boice tenha investigado a questão nos Estados Unidos, suas formulações, como veremos a seguir, indicam prováveis razões da resistência ao tratamento do bloqueio da escrita também no Brasil.

A resistência entre os docentes

Acadêmicos e acadêmicas são especialmente resistentes em aceitar e buscar auxílio quando vivenciam qualquer nível de mal-estar psicológico para escrever. Para se ter uma ideia, Boice (1990b) averiguou que menos de 10% dos docentes de ciências sociais nos Estados Unidos, em atividade no começo da década de 1990, haviam realizado alguma formação no campo da produção textual ao longo de todo percurso no ensino superior. Além disso, estudantes de graduação e pós-graduação, quando ingressavam em programas de auxílio à escrita, tendiam a desprezar e abandonar tais iniciativas mais do que outras pessoas que dependiam da escrita na vida profissional.

Boice ainda evidencia que professoras e professores universitários rejeitavam veementemente qualquer sugestão de incluir o desenvolvimento da escrita como parte do projeto pedagógico das disciplinas que lecionavam. Dentre as justificativas para tanto estavam as seguintes alegações: atividades de escrita acrescentavam trabalho extra de leitura e de organização de material; a programação das aulas já estava completa; os estudantes ficavam insatisfeitos com tarefas adicionais; não se consideravam especialistas para ensinar qualquer coisa relacionada à prática escrita; e, por último, seus estudantes não gostavam de escrever.

Em outra ocasião, Boice (1990a, p. 15) reuniu as opiniões mais compartilhadas entre docentes do ensino superior, de diversas áreas do conhecimento, acerca do que definia o comportamento de bons escritores. As seguintes opiniões denotam os julgamentos emitidos: "Bons escritores não compartilham seus escritos até estes estarem perfeitos e terminados". "Bons escritores não começam a escrever até eles estarem dispostos para tanto". "Bons escritores não começam a escrever até ter um senso de criatividade desenvolvido". "Bons escritores atrasam o começo da escrita até terem grandes blocos de tempo disponíveis e nenhuma perturbação". "Bons escritores produzem manuscritos finais em uma única tentativa". "Bons escritores nascem assim, não são feitos".

Para Boice, como vítimas de um sistema que não lhes permitiu conceber a escrita como habilidade a ser desenvolvida, a maioria dos docentes transmite como verdade inquestionável, a cada nova geração de estudantes, aquilo que os impediu de serem melhores professores e professoras, e, talvez, melhores escritores e escritoras: a crença de que a escrita deveria ocorrer espontaneamente, sem qualquer interferência externa.

A propagação desse preceito foi igualmente notada entre estudantes universitários que, ao serem questionados sobre por que não participavam de cursos e disciplinas de escrita, alegaram não ter aptidão e nem tempo para tanto. A aversão ao aprimoramento da escrita ainda se fazia presente na resistência dos estudantes quando docentes incorporavam o desenvolvimento da escrita no programa de suas disciplinas. Recordando-se de sua própria prática docente, Boice (1990b, p. 15) lembra de falas emblemáticas de seus alunos e alunas quando tomavam conhecimento de que o aperfeiçoamento da escrita seria parte dos objetivos da disciplina a ser lecionada: "O que isso tem a ver com o conteúdo da aula?!"; "Eu não sou bom nisso"; "Por que temos que escrever?".

Tomar a si mesmo como modelo de escritor ou escritora é o máximo que a maioria dos docentes fazem para prover auxílio aos seus estudantes. Com isso, além de desconsiderarem as singularidades de cada estudante, impõem padrões contraproducentes de escrita, porque desconhecem princípios elementares da composição textual e da psicologia da escrita. Veja, por exemplo, que a defesa da dedicação total à escrita e do isolamento para escrever – uma das estratégias mais propagadas por orientadores e orientadoras de mestrado e doutorado – é uma das atitudes mais nocivas a serem adotadas por estudantes em sofrimento psicológico com a prática textual.

Vale notar que os docentes e estudantes que buscam auxílio para aperfeiçoar a escrita são, geralmente, aqueles que já possuem níveis elevados de satisfação e disposição para aprender novas formas de se relacionar com tal habilidade. Em contrapartida, como exposto, acadêmicos e acadêmicas em sofrimento para escrever são menos propensos a buscar artifícios que os auxiliem. Na verdade, tendem a ser os mais resistentes perante qualquer auxílio para o problema, pois esperam soluções imediatas e definitivas para dificuldades vivenciadas há anos ou, às vezes, como é comum em muitos casos, durante toda a trajetória acadêmica. Dito isso, o desafio não é só oferecer oportunidades para o desenvolvimento da escrita, mas como criar oportunidades que levem em conta que a primeira barreira para enfrentar o bloqueio da escrita é a própria resistência daqueles que mais necessitam de apoio psicológico para escrever.

Ainda que a ênfase dos estudos sobre o bloqueio da escrita recaia sobre estudantes de graduação e de pós-graduação, jovens professoras e professores universitários estão, também, entre as vítimas do bloqueio da escrita. Como singularidade dessa população está a relação estreita entre o sofrimento para escrever e o sofrimento para lecionar com satisfação. Mais precisamente, muito daquilo que impede jovens docentes de escrever é o mesmo que os impede de obter satisfação em sala de aula. Razão central para tanto é que, do mesmo modo que creem que a escrita deveria resultar de um potencial psicológico escondido dentro deles, que em algum momento será naturalmente revelado ao mundo, creem que a capacidade de lecionar é algo que algumas pessoas possuem e outras não.

Docentes frustrados com a escrita e a docência pouco se questionam sobre a necessidade de treinamento para escrever e para ensinar melhor. Na realidade, são especialmente resistentes a qualquer auxílio prático para aprimorar habilidades acadêmicas. Do mesmo modo, são mais impressionáveis com demonstrações de brilhantismo de seus estudantes e, por conseguinte, pouco compassivos com alunos e alunas dependentes de assistência (BOICE 1993a, 1994). Por esses motivos, muitos docentes permanecem despreparados para ensinar o árduo trabalho subjacente ao desenvolvimento da escrita, pois são avessos à autoeducação, à instrução e ao desvelamento do conhecimento tácito. Boice (1987c; 1996a) aponta, todavia, que os docentes, participantes de suas pesquisas, que aderiam aos princípios do tratamento do bloqueio da escrita os transpunham para as práticas de ensino. A permissão para o erro e a incompletude na exposição de conteúdos complexos, a aproximação gradual daquilo que pretendiam ensinar e o uso moderado do tempo para preparação de aulas e exposições exemplificam a transposição de princípios da composição textual fluente para a prática docente. Ainda como consequência positiva, muitos docentes, até então frustrados com o desempenho, quando conseguiam escrever e lecionar de maneira satisfatória, passavam a tratar aquelas atividades como algo a ser constantemente aprimorado (BOICE, 1996a, 1993a).

A preocupação de Boice (1986), contudo, vai além da população de estudantes e jovens docentes universitários. Em mais de uma ocasião, o psicólogo estadunidense investiga os problemas enfrentados pelo público que ele nomeia de "acadêmico de meia-idade desiludido" com a docência e a pesquisa. Boice descreve esse público como um tipo social que se estagnou na carreira acadêmica por sentir-se incapaz de cumprir demandas que lhe garantiriam ascensão, reconhecimento e contentamento profissional, como escrever e publicar. Para ele, acadêmicas e acadêmicos de meia-idade e de idade avançada são identificados como "casos perdidos". Por isso, são mais negligenciados nas políticas de apoio ao aperfeiçoamento da escrita e docência do que a população de jovens docentes. Em estimativa traçada em meados da década de 1980, Boice considerou que:

> ...ao menos 20 a 30 por cento dos acadêmicos das Universidades e faculdades estadunidenses poderiam ser descritos como desiludidos... . Esses indivíduos são, em regra, de meia-idade, cronicamente deprimidos ou raivosos com seus trabalhos, inativos como pesquisadores, isolados e oposicionistas com os colegas, e sem entusiasmo para ensinar. (BOICE, 1986, p. 116)

Para esse grupo, Boice avalia que cuidados especiais, em termos de auxílio e intervenção, seriam necessários, uma vez que o ritmo da desilusão entre eles avança exponencialmente à medida que vivenciam o acúmulo de anos e anos de frustração com a carreira acadêmica. De modo geral, sua proposta de intervenção com esse grupo não diverge do restante do seu trabalho. A principal diferença está na preocupação com uma abordagem a princípio muito mais pontual e individual, pois acadêmicas e acadêmicos desiludidos são em geral isolados e reativos, portanto, menos propensos a participar de atividades coletivas, como programas de auxílio à escrita. Geralmente, são seus maiores críticos e opositores.

Se, por um lado, jovens docentes sofrem por causa das idealizações com a escrita e a sala de aula, por outro lado, docentes de meia-idade desiludidos com a profissão sofrem devido à vivência de um cotidiano profissional altamente insatisfatório. Para Boice, em ambos os casos, o silêncio sobre o sofrimento para escrever seria um dos sintomas mais recorrentes. Em questionário aplicado em amostra de 400 docentes do ensino superior, nos Estados Unidos, Boice (1992) averigua que aqueles sujeitos estavam mais dispostos a falar de assuntos delicados de suas vidas privadas do que a assumir publicamente inseguranças e deficiências com respeito à escrita. Na perspectiva do autor, isso não quer dizer que o sofrimento com a escrita acadêmica seja um fenômeno totalmente velado na universidade. Significa, sim, que há um nível de consternação com a prática textual raramente expresso no universo docente, uma vez que a vergonha e a culpa seriam mais intensas naquela população do que entre os estudantes.

Grave, ainda, é que o silêncio se fortaleceria à medida que acadêmicos e acadêmicas avançam na carreira, pois a cada nova progressão profissional supõem ser motivo de embaraço declarar publicamente qualquer dificuldade com o processo de escrita. Essa dinâmica é notável em relatos, coletados por Boice, de docentes reconhecidos pelos pares como exímios escritores e escritoras, mas que lhe confidenciavam insegurança com os trâmites informais do universo editorial e com o domínio de regras da redação científica que acreditavam que "todos dominavam, menos eles". Embora Boice (1993a) assuma que essas revelações não o surpreendessem, causava-lhe espanto que os docentes que lhe confiavam aqueles segredos dificilmente citavam como saída, para suas dificuldades, a busca de auxílio com colegas mais experientes, com profissionais especializados ou na literatura.

Boice (1996b) ainda argumenta não ser surpresa que muitos dos críticos das propostas de intervenção sobre as dificuldades psicológicas da escrita acadêmica sejam justamente aqueles que conseguem escrever com fluência e satisfação. Para muitos desses, qualquer proposta de intervenção para auxiliar estudantes e pares bloqueados para escrever seria uma espécie de violação da dignidade e da liberdade humana.

Uma violência, alguns diriam. Aliás, já ouvi isso bem mais de uma vez.

A defesa do não intervencionismo sobre o bloqueio da escrita, na população acadêmica, parece ignorar que os custos em não ajudar as pessoas a lidar com o sofrimento psicológico para escrever equivale a ignorar outras formas de sofrimento aceitas socialmente como dependentes de amparo psicológico e educacional. Se este argumento não soar legítimo, vale dizer, ainda, que parte significativa dos estudantes finalizam a escrita de suas teses e dissertações com sintomas de depressão e ansiedade; e que aproximadamente metade dos estudantes que iniciam um mestrado ou um doutorado não o finalizam, sendo as mulheres e outras minorias sociais os grupos mais afetados (FARO, 2013; NOVAES, 2009; PELUSO, CARLETON & ASMUNDSON, 2011).

A resistência também na psicologia

Para Boice (1984c), era perturbador que a oposição ao tratamento do bloqueio da escrita se fizesse presente na própria psicologia. Sobre isso, descreve um quadro alarmante ao averiguar o despreparo dos seus colegas de profissão para intervir nas demandas de escritores e escritoras em sofrimento psicológico para escrever. Em sua apreciação, mesmo psicólogos e psicólogas experientes desconheciam conceitos e intervenções básicas nas áreas da teoria da composição e da psicologia da escrita, indispensáveis para auxiliar os seus pacientes. Como consequência, reproduziam (tenho pouquíssimas dúvidas que reproduzem até hoje) premissas românticas e elitistas, como a suposição de que estratégias práticas para tratar o bloqueio da escrita seriam superficiais porque as verdadeiras razões daquela forma de sofrimento seriam somente aquelas "profundas" e "totalmente inconscientes".

Seriam raros os psicoterapeutas preparados para avaliar e para tratar o bloqueio da escrita como resultado das consequências de antigos traumas psicológicos e, ao mesmo tempo, como resultado de déficits de aprendizagem, desprezo pelo conhecimento tácito e adesão a hábitos de escrita nocivos, como aqueles tão comumente instaurados no ensino superior. A maioria dos profissionais da psicologia despreza que o tratamento do bloqueio da escrita requer o envolvimento com o ato de escrever, e não apenas o "falar" sobre o sofrimento com a escrita, embora esse "falar" seja parte essencial da intervenção. A respeito deste ponto, Boice (1985a) questiona como seria possível ajudar uma pessoa que sofre para escrever a não ser estabelecendo ocasião para que a própria escrita seja tratada em terapia.

Para Boice (1996a), uma avaliação da literatura psicológica sobre o bloqueio da escrita e da procrastinação evidencia ainda mais a gravidade da questão, pois, embora aqueles problemas estivessem em franca expansão na sociedade, a literatura mantinha-se escassa e superficial. Em suas palavras: "A PB [Procrastinação e Bloqueio] é um dos últimos grandes tópicos não examinados e incompreendidos na psicologia (de fato nas ciências comportamentais, na medicina e em toda a sociedade)? Eu suspeito que sim." (1996a, p. xviii). Estarrecido com a pouca atenção prestada àquelas questões, Boice complementa: "Um fato marcante sobre procrastinar e bloquear é que nenhum outro problema comportamental comum atraiu tão pouco estudo ou tratamento sistemático. Nem fetiches estranhos, incomuns e geralmente inofensivos foram tão negligenciados, nem mesmo doenças imaginárias e curas mágicas" (1996a, p.1).

Ainda para ele, a literatura psicológica sobre o bloqueio e a procrastinação revelava uma orientação conservadora, pois focada em manter tais fenômenos como problemas de ordem individual. Prova disso estaria na constatação de que a maior parte dos estudos psicológicos sobre o bloqueio e a procrastinação estavam mais preocupados em se afirmar como científicos, por meio dos usos de testes de personalidade, questionários e inventários, do que em examinar os processos psicossociais responsáveis pela instauração e manutenção da procrastinação e do bloqueio. Como decorrência, a observação naturalista e a análise qualitativa acerca daqueles fenômenos foram parcamente tomadas como possibilidades metodológicas efetivas para investigá-los. Para Boice, a gravidade da ausência de aprofundamento nos estudos da procrastinação e do bloqueio torna-se evidente quando se observa que sujeitos oriundos de minorias sociais são os mais prejudicados por aqueles problemas; e quando se averigua que a procrastinação e o bloqueio estariam no cerne das razões de incontáveis problemas de saúde pública e de trajetórias acadêmicas arruinadas.

Segundo Boice (1996a), diferente do que provavelmente a maioria das pessoas que usam serviços psicológicos supõe, muitos psicólogos e psicólogas abominam qualquer ideia de efetividade prática de suas intervenções. Para muitos desses profissionais, estipular condições para o desenvolvimento prático de habilidades humanas envolveria a manipulação do ambiente e, por sua vez, a manipulação das pessoas. Isentam-se, assim, de responsabilidade sobre as consequências das intervenções psicológicas que realizam, com a frágil argumentação de que não têm como objetivo influenciar a vida de seus pacientes, como se essa fosse uma opção realmente possível.

Quando rejeitam lidar com a procrastinação e o bloqueio da escrita, psicólogos e psicólogas corroboram e fortalecem um sistema social no qual a capacidade de conseguir realizar com satisfação atividades complexas, como escrever com fluência, mantém-se reservada a uma pequena parcela da população que, tirando as exceções, teve extremo suporte e treino formal e informal, derivados, sobretudo, de privilegiadas condições econômicas e sociais para tanto. Mas o desconforto é garantido quando a temática da procrastinação e do bloqueio é discutida em determinados redutos psicológicos. Ataques, piadas diretas e indiretas, assim como argumentos de que a procrastinação e o bloqueio deveriam ser deixados de lado, porque seriam falhas ou qualidades de caráter, que não podem ou não deveriam sofrer qualquer intervenção, são esperados quando os temas são mencionados. Por conseguinte, como indicou Boice, falar publicamente que estuda aqueles fenômenos é garantia de olhares debochados e interjeições irônicas. "Procrastinação e bloqueio? Sério? É isto o que você estuda? Eu não posso me imaginar passando minha carreira estudando isto, não em uma universidade importante." (1996a, p.xv).

Ainda sobre o tópico, Boice (1996a) salienta que não raro o preconceito contra o estudo e a intervenção nos casos de bloqueio e de procrastinação é mantido por profissionais da psicologia altamente habilitados para investigar o problema, e que pouco sofrem para conseguir realizar suas atividades no dia a dia acadêmico.

Por último, é preciso dizer que mesmo entre aqueles de quem esperaríamos um olhar crítico sobre os custos psicológicos e sociais acerca do bloqueio e da procrastinação, cientistas humanos e sociais, o discurso é o de que tais dificuldades não são tão sérias assim. Grave, na verdade, seria dar importância à questão, uma vez que qualquer tratamento aprofundado daquelas dificuldades significaria pactuar com formas de controle orientadas para a opressão e o enquadramento social das pessoas. Logo, qualquer tratamento da procrastinação e do bloqueio só teria como finalidade a implementação de comportamentos rígidos e estereotipados. Esse grupo talvez desconheça o fato de que o contrário da procrastinação e do bloqueio não é necessariamente rigidez e submissão cega a sistemas de exploração social, como aqueles propagados em discursos de produtividade presentes em ambientes corporativos, empresariais e mesmo universitários. O contrário da procrastinação e do bloqueio pode ser o senso de tranquilidade, fluxo, liberdade e satisfação por fazer algo bem feito e conectado a valores pessoais e pró-sociais.

OS ESTÁGIOS INICIAIS DA FLUÊNCIA E DO CONFORTO DA ESCRITA

Boice fundamenta-se em cinco princípios para tratar o bloqueio da escrita: 1) automaticidade da escrita a partir da escrita livre; 2) escrita aproximativa por meio da pré-escrita; 3) geração e manutenção da escrita através do arranjo do ambiente para escrever; 4) estratégias de autocontrole para prevenir a reincidência do bloqueio da escrita; 5) compartilhamento do sofrimento para escrever e da própria escrita.

Embora tais preceitos sigam certa lógica progressiva, da geração da escrita à sua socialização, isso não implica prescrição de seus usos de modo linear e rígido. Vale lembrar, ainda, que Boice não está propondo algo totalmente inovador, mas, sim, salientando princípios da composição escrita e da psicologia da escrita empregados de forma consciente ou não por escritoras e escritores quando enfrentam dificuldades para começar, manter e finalizar seus projetos textuais.

A escrita livre como permissão para escrever errado

A escrita livre ou escrita automática é uma das estratégias mais citadas na literatura acadêmica e não acadêmica para o tratamento do bloqueio da escrita. Sua origem seria tão antiga quanto o próprio ato de escrever, mas a popularidade da escrita livre só se deu em meados do século XIX, com o advento do espiritismo e do romantismo. O primeiro foi responsável por preconizar a automaticidade da escrita como ferramenta mediadora das relações entre vida material e vida espiritual. O segundo foi responsável por instituir elevado valor social à ideia de criação artística como resultado da espontaneidade, da ausência de planejamento e da incubação de intensos conflitos psicológicos a serem expressos por alguns poucos indivíduos especiais que escreveriam num momento único de pura inspiração (BOICE, 1993a).[13]

Por estar arraigada historicamente em uma crença religiosa e na ideologia romântica do gênio natural, o artifício da escrita livre foi percebido com descrença na arena científica do final do século XIX, tornando-se objeto de pesquisa psicológica apenas na primeira metade do século XX, sendo a tradição behaviorista em psicologia a responsável pelas primeiras investigações sistemáticas sobre essa prática. Isso, porém, não garantiu sua legitimidade, pois o problema agora não era mais sua associação com o espiritismo e o romantismo, mas seu vínculo a uma perspectiva psicológica criticada por supostamente interpretar o comportamento de maneira superficial e mecânica.

Para Boice (1996b), a associação da escrita livre ao behaviorismo incorreu em erro de percepção do papel dessa abordagem psicológica na recepção daquele conhecido princípio da escrita. Em sua visão, a rejeição à escrita livre por seu vínculo ao behaviorismo é anacrônica, uma vez que os behavioristas não inventaram ou propuseram a escrita livre, como muitos críticos alegaram. O surgimento do behaviorismo e o seu ideal pragmático, vislumbrado nos primórdios dos estudos científicos sobre o bloqueio da escrita, são posteriores às primeiras menções ao emprego da escrita livre.

---

13 Sobre os impactos do discurso romântico na prática escrita, vale mencionar o estudo de Zachary (1996) acerca dos processos de revisão adotados por grandes nomes do Romantismo, como os poetas William Blake e William Yeats.

Ao analisar os efeitos da escrita livre os behavioristas apenas validaram o que já era conhecido, há séculos, na prática de muitos escritores e escritoras, como os efeitos positivos em separar os processos de geração e de edição de texto. Portanto, os behavioristas não criaram a escrita livre. No máximo, tiveram "apenas um breve, transiente e redundante papel nisso" (BOICE, 1993a, p. 33).[14] Não apenas a escrita livre, mas outras estratégias utilizadas para enfrentar o bloqueio da escrita, tidas como ingênuas por provirem da tradição behaviorista, nada mais seriam que práticas executadas no dia a dia de inúmeros escritores, muitos deles renomados, com a finalidade de gerar a motivação para escrever com constância e fluência. Como argumentou Boice: "Suas estratégias [estratégias apresentadas pelos behavioristas] de tratamento do bloqueio da escrita (por exemplo, gráficos diários de progresso, estabelecimento de contingências para assegurar escrita regular) já eram usadas há muito tempo por romancistas famosos". (1993a, p.33).

Como a escrita livre pode ser descrita? Grosso modo, é uma maneira de escrever o mais rápido possível sem editar e com o mínimo de pausas, de modo a impedir a hesitação desencadeada por pensamentos, sensações, emoções e sentimentos que surgem especialmente nos momentos prévios ao começo da escrita.

Inspirado no reconhecido trabalho de Peter Elbow (1981), um dos mais conhecidos teóricos da composição escrita e o maior entusiasta da escrita livre, Boice (1990a) propõe o uso de tal princípio como "aquecimento" para escrever e como

---

14 Embora Boice situe o behaviorismo como uma abordagem monolítica, não há apenas um behaviorismo, mas, sim, diferentes tendências behavioristas, muitas das quais divergentes em suas premissas epistemológicas, metodológicas e ontológicas. De modo geral, pode-se dizer que apenas uma orientação pragmatista, preocupada com as consequências práticas das ações humanas, permearia aquelas perspectivas denominadas de behavioristas (SAMELSON, 1981).

estratégia capaz de mitigar os efeitos negativos gerados pelo excesso de autocrítica presentes em qualquer momento da escrita. Ou, "Em outras palavras, a escrita livre funciona porque deixa nosso editor interno de fora, liberando o processo criativo e permitindo a suspensão da responsabilidade" (BOICE, 1990a, p. 52).

A instrução para empregar a escrita livre é relativamente simples. Escrever o que vier à mente o mais rápido possível, evitando ao máximo a correção e incluindo todos os pensamentos sobre a própria escrita no exato momento em que se escreve. Se algum estado psicológico desagradável ocorrer durante essa ação, como o aumento da ansiedade, Boice (1990a) aconselha que as pessoas releiam e corrijam o texto. O ideal é que a edição do texto seja abandonada à medida que se observe o aumento da tolerância e da paciência com imprecisões textuais de todas as ordens.

Seguindo a proposta de Peter Elbow, Boice ainda aconselha que a escrita livre seja incorporada ao cotidiano de pessoas bloqueadas para escrever. O tempo sugerido para o emprego da escrita é de 10 minutos, ao menos cinco dias por semana. No entanto, em casos mais graves de bloqueio da escrita, pode-se reduzir o tempo para 1 ou 2 minutos. Para muitas pessoas essa quantidade de tempo soa irrisória e, logo, insuficiente para começar a recuperar ou instaurar qualquer senso de fluência da escrita. Todavia, exemplos não faltam da validade do uso de pouco tempo do princípio em casos graves de bloqueio da escrita.[15]

Embora a escrita livre abrande estados psicológicos inibidores de uma escrita minimamente confortável, Boice (1990a) é reticente em assegurar sua validade para todas as pessoas e para todas as ocasiões. Em algumas circunstâncias, a escrita livre intensificaria o mal-estar psicológico ligado ao ato de escrever. Para certas pessoas, as estratégias de automaticidade da escrita fortalecem o senso de desorganização que

---

[15] Para maiores esclarecimentos teóricos e aplicados sobre a prática da escrita livre, ver: Peter Elbow (1981; 2012).

tanto lutam para evitar. O ideal é avaliar o limite individual de cada pessoa e, então, decidir pela continuidade ou não do uso de tal prática, ou pelo seu uso moderado. Em alguns casos, o recurso à escrita livre necessita de acompanhamento de outras pessoas, como profissionais da psicologia, docentes ou até mesmo colegas, pois dificilmente as pessoas em sofrimento psicológico empregam sozinhas tal estratégia.

Algum nível de desconforto psicológico é esperado no uso de qualquer estratégia de automaticidade da escrita, como algum grau de desconforto psicológico é geralmente esperado quando estamos prestes a escrever. A escrita livre oferece oportunidade, sobretudo, para enfrentar esses momentos, quando pessoas bloqueadas vivenciam qualquer sinal mínimo de indisposição psicológica como barreira intransponível para o começo da escrita. Como Boice (1990b) esclarece, esse

> ... breve exercício vai além de mostrar que todos os alunos, mesmo aqueles que se sentem bloqueados, podem escrever quando solicitados. Isso fornece um mecanismo prático para que os alunos comecem a escrever sessões fora da aula [fora do consultório também]. Assim fazendo, novamente estabelecem-se impulso, ideias úteis e raciocínio para a escrita. Além disso, quando praticado por apenas um minuto ou dois, a escrita livre ajuda a minimizar os tempos de aquecimento para a escrita. (BOICE, 1990b, p. 16)

Apresento, a seguir, um exemplo de escrita livre que utilizei para retomada da escrita deste capítulo, quando estava há mais de uma semana sem escrevê-lo. O excesso de autocríticas, naquele momento, intensificou-se de tal forma que todas as vezes que tentava redigir esta parte do livro desistia, fazendo qualquer outra atividade, como ler mais um texto ou arrumar algo em casa ou no consultório. Os pensamentos eram de que este texto não valia a pena ser escrito, e os sentimentos eram de incapacidade e frustração.

Exemplo de escrita livre: escrevendo sobre o medo de escrever[16]

Hoje não estou conseguindo começar a escrever o livro sobre o trabalho de Boice. Nem sei o que escrever aqui direito. Acho que é sobre... é... é... Na verdade, não sei... Só sei que preciso retomar a escrita do livro. Embora sempre experimente os efeitos positivos de fazer este exercício de escrita livre, neste exato momento estou achando ele um pouco bobo ou besta, será que é isso?! É isso mesmo? Será que as pessoas vão achar que eu sou bobo? Vão pensar que desconsidero que a escrit... é perpassada por outras dimensões que não estão sendo discutidas no livro. Não tenho dúvidas da relevância do trabalho do Boice. Mas penso sempre... penso nas suas limitações também e esses pensamentos... O que vou escrever aqui agora?! Não sei! Acho que estou observando que esses pensamentos aumentaram nos últimos dias, agora que avanço neste texto. Se eu publicar isso será negativo pra mim?!!!!! Penso que hoje não estou conseguindo escrever até agora por excesso de preocupação com essas questões. Vou falar com os amigos e amigas mais sinceros e críticos sobre isso. Quero saber se estou escrevendo algo que não vale a pena, embora eu sinta que vale a pena sim. Meu medo é mais um medo elitista? Um medo que as pessoas me vejam como simplista? Se for isso tenho que lidar com esse sentimento. Mas que sentimento é esse? Agora mesmo estou sentindo ele, uma espécie de vergonha. Nem sei mais o que tenho que escrever hoje por causa disso. Agora mesmo aqui fazendo este exercício de escrita livre observo que não sei mais o que escrever. Apenas percebo no meu corpo... no meu corpo uma ansiedade que se irradia do lado direito do peito até o estômago, que aumenta e diminui, e que tornam todo o meu corpo e disposição fracos para escrever o que realmente deveria estar escrevendo.

---

[16] Devido ao caráter do exercício mantive o trecho sem revisão de qualquer ordem.

Ao recorrer à escrita livre, naquele instante, expressei sentimentos e pensamentos desagradáveis sobre o ato de escrever que me deram pistas dos motivos do problema, que foi resolvido pouco após o exercício, quando solicitei a dois colegas que lessem a introdução do livro e avaliassem sua relevância.

A escrita livre é um modo de escrever aquilo que se está pensando no exato momento em que se escreve, o que pode significar, por exemplo, escrever que não se está conseguindo escrever ou qualquer outra coisa que pareça estranha e sem sentido. Assim, a escrita livre impede a fuga da atividade e possibilita que a escrita ocorra a despeito do desconforto psicológico. A escrita livre não precisa ter qualquer conteúdo definido e não precisa necessariamente gerar qualquer solução para os rumos de uma produção textual. O seu propósito mais importante é criar o senso de que, ao diminuir a distância temporal entre os pensamentos e o ato de compor, a maioria das pessoas é capaz de escrever. Por isso, a velocidade da escrita livre é essencial para sua efetividade. [17]

A escrita livre também é de utilidade para gerar anotações e produzir *insights*, pois a velocidade da escrita propicia arrefecimento do controle social sobre nossa linguagem, permitindo assim que nos aproximemos mais do senso do que realmente queremos dizer, mesmo que isso exija revisão posterior. Basta lembrar dos incontáveis *insights* que todos perdemos, talvez, diariamente, porque a mínima hesitação interditou o começo da escrita. Vale dizer também que a escrita livre tende a aumentar a recuperação de memórias de diversas ordens, assim como tende a aumentar nossa capacidade de conexões teóricas e, ao mesmo tempo, diminuir o senso de estereotipia vocabular, tão comum nos casos de bloqueio da escrita. Por isso, durante o uso da escrita livre, muitas pessoas conseguem perceber que sabem muito mais do que supunham saber acerca daquilo que escrevem.

---

17 A prática diária da escrita livre tem sido associada, nas últimas décadas, também, à diminuição dos efeitos emocionais de experiências traumáticas (ver: PENNEBAKER, 1997).

A escrita livre pode ser limitada para a necessária – e, às vezes, árdua – transição da escrita de rascunhos, fichamentos e anotações para a escrita formal da monografia, dissertação, tese, artigo ou livro. Para esses momentos, a pré-escrita, outro princípio da composição textual, é apresentada por Boice como meio de facilitar o trânsito da escrita informal para a escrita formal, assim como para resolver problemas de conexão de ideias, tão comuns na composição de textos acadêmicos.

A pré-escrita ou como escrever antes de escrever

A pré-escrita pode ser definida como a escrita precedente e aproximativa à redação formal de um manuscrito. A pré-escrita, assim como a escrita livre, integra o repertório de escrita de muitas pessoas, sendo essencial para solucionar entraves para começar e avançar na produção, especialmente, de textos complexos. A despeito disso, pouca luz tem sido lançada sobre o papel e o valor desse princípio aparentemente banal da escrita. A pré-escrita ficaria, desse modo, restrita a mais uma forma de conhecimento tácito presente entre escritores e escritoras fluentes, raramente desenvolvida entre as demais pessoas com dificuldades para manter uma rotina de escrita. Na realidade, entre as pessoas com dificuldades psicológicas para escrever, a pré-escrita é comumente desprezada, ainda que já tenham experimentado seus efeitos positivos, geralmente de forma inconsciente, no passado. Razão para tanto seria que formas aproximativas de escrita representariam, na concepção de muitos estudantes e docentes, estratégias duvidosas de compor um "verdadeiro" texto acadêmico.

Boice divide a pré-escrita em duas categorias: 1) a que fornece fontes para escrever e 2) a que propicia soluções para conectar ideias e descobrir o que se tem a escrever, quando se busca desenvolver argumentos, interpretar conceitos e tratar informações das mais diversas ordens durante a escrita de qualquer documento acadêmico. O primeiro tipo é composto de fichamentos, anotações, comentários, notas de pesquisa e qualquer outro material escrito e colecionado com o intuito de prover subsídios para a redação de um texto. O segundo tipo é caracterizado pelo emprego de pistas textuais, muitas das quais escritas em linguagem coloquial, de modo a aproximar-se daquilo que ainda se sabe imprecisamente, ou sobre o que se sabe, mas não se consegue expressar claramente na escrita.

Sobre a primeira categoria de pré-escrita, Boice pouco se detém. Não porque a considere irrelevante, mas porque sobre ela existe significativa literatura, e sua prática é comum, ainda que não garanta satisfação e fluência na redação acadêmica. Na verdade, ater-se apenas ao primeiro tipo de pré-escrita, como é comum entre estudantes de graduação e pós-graduação, pode ser mais parte das causas do bloqueio da escrita do que parte de sua solução. Ter escrito fichamentos, anotações, comentários e organizado o material de pesquisa com todo esmero e dedicação nem sempre é condição suficiente para que a escrita aconteça. Em certas ocasiões, envolver-se em excesso com esses tipos de pré-escrita nada mais é do que um meio de evitar ou fugir da escrita do texto acadêmico. Por isso, o foco de Boice recai no segundo tipo de pré-escrita, que acontece em dois momentos: quando da tentativa de transitar da primeira forma de pré-escrita para o texto formal e quando das dificuldades de conectar ideias e dar seguimento à escrita de um texto em sua versão final.

Uma cena corriqueira no dia a dia acadêmico sintetiza como o segundo tipo de pré-escrita pode se fazer útil. Nela, um estudante de mestrado, prestes a ter seu prazo de entrega da dissertação vencido, busca, sem sucesso, escrever o capítulo de revisão da literatura por meio do uso de distintos documentos: fichamentos de todos os artigos necessários para a revisão, notas, marcações em livros, comentários da orientadora e da banca de qualificação. Durante essa fase, o estudante já escreveu algumas páginas da revisão e tem certa ideia de como encaminhar seu texto. Em alguns momentos, ele até explica com segurança para si mesmo e para os outros o que ele *sente, intui* e *sabe* que quer escrever. Entretanto, no exato momento em que tenta escrever qualquer parte do texto, a ação não acontece. Mesmo tendo consciência da estrutura básica de um capítulo de revisão, ele experimenta dificuldades de ordenar frases, parágrafos e tópicos e, à medida que a consciência dos obstáculos se intensifica, sente-se mais bloqueado para escrever, até o ponto em que qualquer esforço mínimo é vivenciado como uma tortura psicológica intolerável. A pré-escrita se faz útil especialmente nestes momentos, pois, ao herdar da escrita livre a permissão para o erro e a tolerância à incompletude, propicia condições para que a imprecisão na escrita não seja tomada de imediato como prova de déficit intelectual, mas como parte do processo para o avanço da escrita fluente.

Abaixo, exemplifico o uso de uma pré-escrita quando vivenciei entrave para escrever a seção de resultados de um outro manuscrito. Não é novidade que sessões de análise de resultados engendram obstáculos substanciais, devido à complexidade envolvida no esforço de articular, de modo coerente e coeso, informações coletadas, conceitos, teorias e argumentos. No meu caso, o percalço se deu após examinar uma série de entrevistas com estudantes universitários e docentes da pós-graduação para investigar como seus posicionamentos políticos se vinculavam às suas concepções de escrita acadêmica. Mais especificamente, fiquei bloqueado quando da tentativa de escrever uma interpretação logo após os relatos, inseridos no texto, de dois participantes da pesquisa com posições políticas antagônicas, mas com percepções sobre a prática escrita bastante semelhantes. A respeito daquele momento, a sensação era a de que eu sabia o que queria escrever, mas essa sensação não se traduzia em palavras e frases ordenadas. Metaforicamente, era como se eu tateasse um objeto conhecido no escuro, mas não conseguisse ainda nomeá-lo.

Versão pré-escrita

Tá difícil dizer o que quero dizer aqui neste parágrafo próximo da conclusão, após apresentar o resultado das entrevistas. Sei que achei um padrão nos relatos... Mas é algo mais ou menos assim... parece que de alguma forma as pessoas partidárias de esquerda e direita, os estudantes e professores que entrevistei, parte dos meus amigos e professores (e eu também, em alguns momentos?!), quando opinam sobre a escrita acadêmica dos outros, especialmente a escrita dos estudantes, ficam irritados, raivosos e reproduzem na conversa tudo aquilo que tanto criticamos o dia inteiro. Falam da escrita como resultado de uma habilidade natural e fazem piadas de si mesmos e daqueles que procuram instrução ou que sofrem para escrever. Não por acaso, vejo como muitos falam do meu trabalho com desdém, como se fosse algo apenas para os pobres coitados. Puxa, isso não é antidemocrático?

Dificilmente alguém diria que a pré-escrita acima exemplificada é um texto aceitável para estar em um manuscrito acadêmico a ser publicado. Vejamos então a versão revisada.

Versão revisada da pré-escrita

Os relatos apresentados revelam uma intrigante conclusão, a saber, que a despeito da divergência de posicionamentos políticos dos participantes da pesquisa, partidários de direita e esquerda, nas ciências humanas e sociais, convergem para a mesma opinião sobre a escrita acadêmica de qualidade: esta resulta de uma vocação ou habilidade natural. Assim, sujeitos de ambas as posições políticas compactuam com uma visão antidemocrática e elitista de conhecimento.

A versão revisada está, sem dúvida, mais próxima de um texto aceitável para os moldes de um manuscrito acadêmico aceito para publicação. Essencial é perceber que a segunda versão só foi alcançada, no meu caso, após a permissão para escrever uma primeira versão aproximativa do que gostaria de escrever. Mais do que permitir aproximação da descoberta do que queria escrever, a pré-escrita, ao mitigar a pressão para a escrever perfeitamente, propiciou condição para o surgimento mais confortável de uma escrita com senso de autoria; algo que não ocorria quando eu tentava escrever a primeira versão como se fosse a versão final do manuscrito. Em vez de provocar mal-estar e ser prova da incapacidade de escrever um texto acadêmico, como muitas pessoas podem supor, o uso dessa estratégia expande a paciência e acelera o processo de escrita.

Um olhar atento para a pré-escrita revela como tal princípio assemelha-se a um diálogo, desses corriqueiros em eventos científicos, quando o recurso a uma linguagem acadêmica vacilante e informal, perante nossos pares, é permitida e não nos constrange. Algumas sentenças utilizadas naqueles contextos denotam a permissão para a incerteza quando usamos a oralidade durante o processo de descoberta do que temos a dizer: "Quero dizer com isso que..."; "Sobre esse ponto, talvez eu não tenha sido claro, porque o que eu pretendo realmente argumentar é..."; "Veja bem, eu disse isso, mas o que realmente quero dizer é..."; "Acho que o que estou querendo expor é...."; "Ainda não tenho certeza, mas posso afirmar que..."; "Suponho que, se tratarmos o problema dessa maneira, iremos...".

Linguagem formal e informal se entrelaçam de tal maneira no cotidiano acadêmico que isso não é motivo de consternação, mesmo entre os mais puristas dos intelectuais. Na realidade, a permissão social para transitar entre essas duas linguagens é condição para o surgimento de resoluções de problemas. Mas o mesmo não acontece quando se trata da escrita acadêmica. Quando se presta a escrever, acadêmicas e acadêmicos raramente se sente autorizados a utilizar de forma deliberada a linguagem informal de modo a se aproximarem de uma escrita mais fluente e confortável. No momento em que começam a escrever, a licença para a "conversa" é anulada, pois o mínimo sinal de informalidade é compreendido como erro a ser evitado a todo custo. Mais do que não recorrer à escrita coloquial como meio de aproximação do que querem dizer, acadêmicos e acadêmicas invalidam sua legitimidade como, talvez, a única via para descobrirem o que têm a dizer-escrever. Como ouvi, certa vez, de um professor ao identificar uma palavra coloquial em um texto que eu acabara de rascunhar: "Isso está parecendo texto de favelado". Afora o patente preconceito linguístico, o que o professor talvez desconhecesse, como lhe informei no episódio, era que inúmeros autores e autoras utilizam aquele tipo de linguagem, nas versões prévias de seus artigos e livros. Como esclarece Boice (1994, p. 64):

> Para capturar a essência da ideia, muitos escritores simplesmente imaginam que lhes foi designada a tarefa de descrevê-la verbalmente para um amigo, de forma simples e sucinta. Depois que eles realmente falam a sinopse, escrevem. E quando fazem o mesmo para cada ideia, repetem o processo como uma forma de expressar como as ideias se encaixam em parágrafos, seções, capítulos, e assim por diante. O resultado é um contorno inicial para delinear onde cada ponto listado é acompanhado por uma breve descrição do que significa e como ele se conecta. Tornando-se, assim, um esboço conceitual.

Abaixo listo dez entradas de pré-escrita que utilizo com frequência para me permitir escrever com imprecisão, lembrando que cada escritora e escritor pode criar estratégias de pré-escrita em função dos seus próprios obstáculos para redigir um texto acadêmico.

1. Ainda não está claro para mim, mas acho que nesta parte do texto deveria falar sobre...
2. Acho que o conceito x quer dizer que...
3. O ideal seria finalizar este capítulo sugerindo que...
4. Uma possível maneira de resolver essa falta de conexão entre os tópicos é...

> 5. Preciso aqui inserir o conceito x e argumentar que seu uso propicia...
> 7. O que quero dizer nesta parte é mais ou menos o seguinte...
> 8. Essa parte do texto está confusa, mas se tivesse que dizer como ela deveria estar escrita, diria que...
> 9. Preciso mostrar aqui que...
> 10. Quero aqui usar um exemplo concreto para...
> 11. Não tenho a menor ideia do que escrever aqui, mas se tivesse que escrever mesmo assim seria algo no sentido de...

Evitando a musa inspiradora

Para Boice (1983a, p. 542), só há uma forma de enfrentar concepções antiquadas sobre a escrita fluente: declarar, quantas vezes for preciso, apesar do desconforto que isso possa gerar, que a "criatividade é muito mais o resultado de trabalho árduo do que de genialidade", pois "pessoas criativas, a despeito de suas alegações de insights brilhantes, evidentemente mantêm hábitos diários de trabalho".

Ciente dos obstáculos para dissipar a visão tradicional da escrita criativa como uma habilidade natural, Boice (1983a) expõe que a maioria das pessoas fluentes com a prática escrita dificilmente localizam as origens de processos criativos na "espera da musa" ou na "inspiração profunda", que só emoções conflituosas seriam capazes de originar. Na realidade, elencam o conforto e a tranquilidade como essenciais para manterem-se dispostas a escrever. Assim,

> A motivação otimizada emerge, quase que paradoxalmente, de uma calma e uma confiança trazidas ao trabalho. Escritores exemplares são os primeiros a relatar e a demonstrar a importância de encontrar motivação em um ritmo constante e sem pressa. Eles não ficam surpresos em ouvir que outros escritores executem mais eficientemente suas tarefas com abertura para flexibilidade e felicidade amena. Eles compreendem rapida-

mente por que os escritores fluentes produzem seu humor em vez de esperá-lo. (BOICE, 1995b, p. 34)

Porém, como mencionado no primeiro capítulo, quando o tópico da motivação está em pauta, é quase certo que alguém lembrará de um renomado escritor ou renomada escritora que escrevia em maratonas extremas de trabalho, carregadas de euforia e apreensão, de modo a reafirmar o valor do ideal romântico da criatividade literária. Essa visão indica que o domínio cultural de premissas românticas sobre a escrita, como a espera da inspiração, talvez nunca seja dissipado, mesmo entre aqueles com plena consciência dos seus danos. A título de exemplo, Boice (1994, p. 9) descreve o fascínio de um participante de uma de suas pesquisas, o qual admite que a expectativa pela inspiração para escrever lhe trazia a promessa de genialidade, que a qualquer momento tomaria seu espírito de assalto como uma força motriz e revolucionária, ou um sopro divino que obteria todo o crédito por sua criação literária. Assume, contudo, que sabia "o quão tolo isso soa, mas em algum nível ainda eu espero [a musa], com a tenacidade e a inocência de uma criança".

A crença na ideia de inspiração pura como condição indispensável para a ocorrência da escrita apaga dois fatos sobre o cotidiano de pessoas que se sentem confortáveis para escrever: 1) muitas delas começam a escrever antes de se sentirem motivadas para tanto; 2) a motivação que muitos autores e autoras sentem é mais resultado de práticas regulares da escrita do que a razão pela qual conseguem escrever. Uma justificativa daqueles que discordam dessa visão é que forçar o envolvimento com a escrita antes da vontade para tanto eliminaria a naturalidade imprescindível para torná-la uma ação criativa. Entretanto, é paradoxal que os adeptos desse pensamento, especialmente no universo acadêmico, sejam os sujeitos que mais escrevem forçados pela proximidade ou pelo término dos prazos de entrega de textos. Logo, são as pessoas que mais escrevem induzidas por condições externas desfavoráveis e prejudiciais do ponto de vista psicológico.

Três danos em escrever compelido por prazos seriam: 1) com a pressão, vem a impossibilidade de reflexão e do prazer essencial ligado ao ofício da escrita; 2) a coerção dos prazos finais implica dúvidas sobre a própria capacidade de escrever e, por conseguinte, a diminuição da confiança para tanto; 3) a proximidade do prazo para entrega de textos induz maratonas de escrita, com impactos psicológicos deletérios. Em suma, na medida em que os prazos finais funcionam como ensejo para escrever, reduzem a propensão a transformar tal atividade em uma prática fluente e confortável.

Diluir a ideia de que a motivação é indispensável para começar a escrever é uma tarefa difícil, pois o problema vai além da tomada de consciência da questão. Envolve criar contexto para que o início da escrita ocorra a despeito da presença de algum nível de mal-estar psicológico prévio a tal atividade. Isso não significa, contudo, que as pessoas devam escrever a qualquer custo – mas, sim, que a motivação para escrever surge, em muitos casos, somente à medida que escrevemos com algum grau de desconforto psicológico. Dois princípios da composição escrita à primeira vista incompatíveis evidenciam essa possibilidade: 1) adiar o começo da escrita e 2) escrever antes de estar pronto para escrever.

Espere para começar e comece antes de estar pronto

O envolvimento com a escrita de um manuscrito – seja a monografia, a tese, a dissertação, o artigo ou o livro – sem o preparo mínimo para tanto é outra causa comum do bloqueio da escrita acadêmica. Esse fenômeno é vislumbrado na figura do estudante que, mesmo cônscio das limitações de seu conhecimento sobre um conceito, vê-se contrariado por não conseguir escrever com desenvoltura a respeito dele. Segundo Boice (1996a), perante esse tipo de obstáculo, escritores e escritoras exemplares atrasam deliberadamente o início da escrita em vez de insistirem na escrita daquilo que desconhecem ou conhecem ainda de forma muito incipiente.

A espera deliberada para escrever é distinta da espera passiva pela inspiração, pois implica o envolvimento com a coleta, a leitura e a organização de material bibliográfico, a geração de pré-escrita e a conversa com os pares sobre o que se almeja escrever antes de iniciar ou continuar a redação do manuscrito em sua versão formal. Ou seja, a espera deliberada para começar a escrever abarca ações geradoras de senso de segurança e orientação mínima para o andamento de uma produção textual. Como consequência, em vez de retardar a escrita, como muitos presumem, a espera deliberada acelera o seu curso.

Constata-se que a espera deliberada para escrever:

1. Permite pausa para refletir sobre a escrita e dar passos para trás de forma a avançar na resolução de problemas ligados à composição textual, teórica e estilística.
2. É econômica e satisfatória, uma vez que permite o refinamento do material coletado, dos fichamentos e de outras formas prévias de escrita. Também estimula a emergência de ideias novas e o senso de aprofundamento no tema estudado.
3. Constitui uma prática que engendra serenidade para empreender projetos de longo prazo e, por conseguinte, promove crescente confiança de que os problemas na composição de qualquer manuscrito serão solucionados com o tempo e o com envolvimento prático para solução de problemas.
4. Aumenta a probabilidade de realizações intelectuais complexas e de reconhecimento pessoal e profissional a partir da escrita.

Em conjunto com a sugestão de esperar ativamente para começar a escrever, Boice (1994) aponta também a efetividade de iniciar a escrita antes de estar pronto para escrever. Como mencionado, trata-se de um preceito, à primeira vista, incompatível com a regra anterior (atrasar o início da escrita). Entretanto, a contradição é apenas aparente. Por mais cuidadosa que tenha sido a preparação para o começo da escrita, a redação de qualquer texto acadêmico implica níveis de incerteza sobre seus rumos, estilo e conteúdo. Portanto, é inevitável e necessário que, em vários momentos da composição textual, a escrita de um manuscrito seja iniciada e avance a despeito da existência de lacunas, de falta de senso de coesão e coerência em frases, parágrafos e tópicos.

Algumas sugestões de Boice para escrever antes de se sentir pronto são:

1. Carregar sempre um dispositivo que permita anotar pensamentos e ideias que surgem em momentos inesperados. Sei que muitos leitores e leitoras já ouviram essa sugestão, mas não a adotam por achá-la superficial ou, pior, por suporem que a ideia imprevista será recuperada depois. Mas, como sabemos, isso não ocorre na maioria das vezes.

2. Usar pausas deliberadas para conectar informações e ideias. Baseado no trabalho do sociólogo Charles Wright Mills, Boice (1994, 1996a) sugere que organizar e reorganizar, no dia a dia, as anotações acumuladas, seja de fichamentos ou de qualquer forma de pré-escrita, induz a emergência de conexões e interpretações criativas. Portanto, rearranjar e procurar-escrever conexões entre os materiais escritos e colecionados, achar casos comparáveis, classificar diferenças, incongruências e pensar nas anotações em termos de categorias são outras maneiras de escrever antes de sentir-se totalmente pronto para escrever. Sobre isso, sugiro o máximo de uso das mãos com o material. Colocar todo tipo de material em papel lado a lado, utilizar recursos gráficos como setas e clipes e realizar colagens em painéis, são algumas dicas.

O contexto para escrever

Desde o século XIX renomados nomes da literatura ficcional manejam seus ambientes de trabalho de modo a produzir consequências que fortaleçam o senso de fluência e conforto da escrita (BOICE, 1990a). Nomes como Honoré de Balzac (1799-1850) e Charles Dickens (1812-1870) exemplificam o caso. O uso de gráficos e tabelas para contabilizar os números de páginas e palavras geradas diariamente, assim como a estipulação de consequências para o alcance de metas diárias de escrita eram algumas das estratégias adotadas por aqueles escritores para escreverem independente do estado de humor e com senso de avanço da escrita.

Boice (1990a) analisa os usos desses recursos por meio da noção de contingência comportamental, um conceito utilizado para descrever e explicar como as ações humanas são afetadas pelo contexto no qual ocorrem e pelas consequências geradas por tais ações. Nos momentos nos quais menciona a noção de contingência, Boice solicita aos leitores e leitoras que esperem um pouco antes de a classificarem como simples sistema de recompensas e punições. Em sua perspectiva, o conceito de contingência orienta nosso olhar para as condições nas quais as pessoas agem, tendo em vista que onde, quando, como e o que ocorreu antes e após qualquer ação humana influencia a sua probabilidade futura de ocorrência. Logo, um maior conhecimento do contexto no qual escrevemos provê condições para melhor arranjo do ambiente para tanto.

Na população acadêmica, a evidência dos benefícios do manejo do ambiente para escrever é descrita em pesquisa na qual Boice (1983a) relata uma intervenção realizada ao longo de dez semanas com dois grupos de acadêmicos e acadêmicas com queixas de bloqueio da escrita. Ao primeiro grupo, foi solicitado que definisse o ambiente no qual escreveria e o que teria como consequência após finalizar a sessão de escrita (no geral, algo que fosse importante para cada sujeito participante, como permitir-se ler algo prazeroso, telefonar para um amigo, caminhar, dar-se breve descanso, solicitar a algum leitor ou leitora o retorno sobre qualquer avanço mínimo do texto). Aos participantes do segundo grupo foi solicitado que escrevessem quando sentissem vontade para tanto, sem qualquer necessidade de estipular consequências para a atividade. Como principal conclusão, identificou-se que aqueles participantes que estipularam consequências, de modo a redigir mesmo quando estavam indispostos, escreveram 60% a mais do que o segundo grupo. Ademais, em duas semanas, o arranjo de contingências para escrever produziu mais conforto e facilitou a criatividade – em vez de impedi-la, como participantes dos dois grupos supunham que aconteceria caso lançassem mão de qualquer estratégia de indução da escrita. Portanto, como analisa Boice (1983a, p. 540):

> A administração de contingências de produtividade da escrita parece facilitar, não impedir, o aparecimento de ideias criativas para escrever. Isto é, sujeitos que foram "forçados" a escrever por poderosas contingências não apenas produziram mais páginas escritas, também geraram mais ideias criativas ao escrever do que aqueles sujeitos que apenas escreveram espontaneamente.

Em outro estudo, ao comparar tratamentos clínicos e estudos experimentais, nos quais os participantes arranjaram o ambiente, para intervirem no bloqueio da escrita, Boice (1983b, p. 185) chega a conclusões semelhantes àquelas de suas pesquisas anteriores: "O uso de contingências parece ter aumentado a produção de escrita substancialmente. Além disso, o gerenciamento de contingências produziu uma consistência impressionante na produção escrita".

Para salientar, também o valor qualitativo do manejo de contingências da escrita, Boice (1983b) destaca a surpresa de uma paciente da área de ciências humanas com os efeitos positivos daquela estratégia. Antes indisposta e crítica do recurso, a paciente assumiu ter, pela primeira vez, conseguido diminuir a ansiedade e aumentado o bem-estar com a prática textual. Mas, apesar de casos bem-sucedidos, a rejeição ao uso deliberado de artifícios de manejo da escrita é comum mesmo entre os seus beneficiados. Motivo para tanto seria a vinculação de termos como "contingência", "comportamento" e "manejo do ambiente" à ideia de que a escrita influenciada por condições externas seria necessariamente pouco consistente. Sobre esse equívoco, Boice (1983b, p. 472) discorre:

> O problema surgia quando eu mencionava "contingências". Como alguém da audiência perguntou com um aborrecimento quase velado: "Como você pode ser tão ingênuo a ponto de supor que está ajudando escritores com técnicas superficiais e mecânicas que só podem resultar em escrita superficial e mecânica?". Nem mesmo meus lembretes de evidência de carreiras recuperadas, de sucesso na redução de sintomas, incluindo depressão, ajudaram a silenciar esses críticos. "Suas técnicas", continuaram eles, "podem parecer ter ajudado as pessoas em desespero, mas a produção forçada só poderia sufocar sua criatividade como escritores".

Ainda segundo Boice, entre muitos dos participantes de suas pesquisas, a postura cética e a renúncia a meios práticos de manejo da escrita resultavam do desencanto por constatarem que a escrita, como qualquer outra habilidade humana, depende também de treino e envolvimento para sua ocorrência e sua manutenção. A desilusão ocorria, em especial, entre as pessoas com elevadas expectativas de uma escrita espontânea e de elevado reconhecimento de suas realizações literárias. Na experiência de Boice, esses sujeitos abandonavam o recurso ao uso deliberado de arranjo de contingências devido à crença de que a motivação intrínseca deveria ser suficiente para conseguirem escrever, pois, do contrário, seriam indignos de reconhecimento. Porém, o que talvez o escritor e a escritora à espera da escrita espontânea desconheçam é que a motivação intrínseca, o senso de disposição para escrever, é um processo psicológico adquirido ao longo da história de vida das pessoas. Em outras palavras, pessoas que afirmam não depender de qualquer incentivo para escrever, experimentaram, no passado, consequências de diversas ordens, como elogios e comentários sobre seus avanços e erros. O que as levaram, por conseguinte, a sentir, no presente, que o ato de escrever é espontâneo e autossustentável.

Vale notar que Boice (1982b;1995a) não é defensor irrestrito do arranjo deliberado de contingências para tratamento do bloqueio da escrita. Para ele, o manejo do ambiente para aquisição de fluência e conforto da escrita pode se transformar em parte do problema quando é imposto. Ao forçar as pessoas a escreverem por meio de condições rigidamente programadas, a escrita pode tornar-se associada ao desprazer psicológico e físico. Por esse motivo, o equilíbrio, a moderação e a avaliação do arranjo de contingência são cruciais para sua efetividade.

Um exemplo de arranjo de contingências para retomada da escrita
Joana e a recuperação da vida musical

Em 2013, Joana procurou-me porque havia mais de seis meses que não conseguia escrever sua tese. Sua queixa girava em torno da frustração por sentir-se bloqueada para escrever justamente após decidir seguir a recomendação de seu orientador e de seus colegas de pós-graduação de que "era preciso abandonar tudo para escrever". Porém, ao colocar em prática o conselho, Joana começou a experimentar sintomas psicopatológicos até então ausentes em sua vida, como ansiedade generalizada, tristeza intensa e desânimo constante, todos relacionados a não conseguir escrever e estudar o dia inteiro como planejado.

Nos três anos anteriores, Joana escrevia por volta de cinco horas por semana e entregava todos os seus textos nas datas programadas. Seu cotidiano de estudos era intercalado com outras atividades, como ser baterista de uma banda e ser uma aluna assídua de aulas de percussão. Contudo, Joana passou a sentir-se culpada pelo tempo gasto com aquelas atividades porque, além de ouvir diariamente que precisava abandonar tudo para escrever, também ouvia de seus colegas e de alguns professores, em tom repreensivo, que aquilo (ser musicista em uma banda) era incompatível, em termos de tempo e de estilo de vida, com o trabalho acadêmico.

O caso de Joana envolve outras inúmeras dimensões que não apresentarei aqui. De meu interesse é exemplificar o valor prático de seu manejo deliberado de contingências para retomada da escrita. Ao compreender como sua história de vida e o seu ambiente para escrever estavam relacionados, Joana recordou-se que "quase sempre ensaiava logo após escrever alguma parte de sua dissertação" e que fazia isso de maneira "inconsciente, nem que fosse por meia hora" e que "isso era um prazer indescritível". Recordou-se, ainda, que a mescla entre atividades acadêmicas, atividades físicas e atividades musicais ocorreu ao longo de toda a sua vida, desde o seu ingresso na escola.

Joana, então, decidiu retomar sua vida musical após a quarta sessão de terapia, quando relatou um pesadelo no qual procurava desesperadamente sua bateria no campus da universidade. Mais do que isso, decidiu tornar a escrita e a prática musical novamente associadas em seu dia a dia. Escrevia logo após ensaiar e, às vezes, ensaiava logo após escrever. Em três semanas, Joana retomou a escrita de sua tese diariamente e recuperou o prazer com aquela atividade. Mas ela relatou que, por prevenção, não contou para nenhum dos colegas, e muito menos ao orientador, a retomada de sua prática musical e de outras atividades de lazer.

Embora seja impossível circunscrever a retomada da escrita de Joana apenas ao processo de vinculação da escrita com outras atividades de sua vida, parece indiscutível que ele fez parte das condições que geraram a motivação, que tanto lhe faltava, para redigir sua tese com constância. Ainda que introdutório, esse caso expõe como o ato de escrever é afetado também por condições raramente consideradas relevantes.

No caso de Joana, abandonar a atividade musical como se aquilo impedisse a sua escrita configurou-se como uma das razões do seu bloqueio.

A constância como regra de ouro

O uso de sessões breves e diárias para escrever é outro princípio da composição escrita apregoado por Boice como responsável por gerar uma redação fluente e confortável em casos graves de bloqueio da escrita. Uma avaliação dos efeitos desse princípio em pesquisas aplicadas, experimentais e em intervenções clínicas sugere que "Com poucas exceções, os escritores que permaneceram em um cronograma que exigia uma hora ou menos de escrita por dia da semana dominaram uma sequência de estratégias para permanecerem verdadeiramente produtivos por longos períodos de tempo" (BOICE, 1990a, p. 3).

Boice (1994) evidencia os benefícios da escrita breve e regular sempre em comparação com os efeitos da adoção de exaustivas maratonas de escrita. Em detalhado estudo, no qual acompanhou por 50 semanas um grupo de 52 escritores e escritoras – 26 do universo acadêmico e 26 de diferentes gêneros literários –, Boice demonstra que, entre os adeptos da compulsão e da hipomania no processo da escrita – tão presentes e, às vezes, enaltecidos na população acadêmica –, a satisfação, a qualidade e a quantidade da escrita deram-se bem abaixo do esperado. Na verdade, "Ambas, no longo prazo, levaram a menos escrita, menos satisfação, menos qualidade, menos originalidade e menos casos de sucesso editoriais em comparação àqueles que escrevem com regularidade" (BOICE, 1994, p. 4). Por outro lado, aqueles que aderiram a regimes reduzidos de tempo para escrever, evitando o esgotamento físico e psicológico, relataram ter mais sentimentos positivos sobre a escrita e relataram terem experimentado mais pensamentos de formação e de conexão de ideias, que acabavam por ser transpostos para seus textos.

A despeito das prováveis vantagens, Boice (1994) avalia que aderir ao uso do tempo breve e regular para escrever é tarefa árdua para acadêmicos e acadêmicas com bloqueio, pois quase sempre esses precisam escrever com prazos de entrega de textos vencidos ou próximos de vencer. A rejeição ao uso de sessões breves e diárias de escrita também procede da crença de que, ao aderir a tal princípio, a escrita se transformaria em um ato monótono, ou em mais uma obrigação cotidiana a ocupar o tempo reservado a outras atividades. Porém, após a adesão ao princípio da escrita breve e regular, o que acontece é geralmente o contrário: a maioria das pessoas relata ter mais tempo para se dedicar à vida pessoal e à vida profissional. Portanto, ao instaurar a escrita como mais uma das tarefas diárias, os adeptos da escrita breve e regular gastam menos tempo do que imaginavam para alcançar seus objetivos. Os relatos de dois escritores sintetizam os efeitos positivos da escrita regular entre pessoas com dificuldades para estabelecer uma rotina mínima de escrita devido à crença em concepções românticas da prática textual.

> Esperava por condições perfeitas e humor perfeito. Acabei trabalhando com prazos pendurados na minha cabeça. Nas maratonas... Não entendia essas coisas sobre calma e conforto, até que as fiz por algum tempo. Pensei: "Se isso funciona, bem, quem sabe?". Eu queria ficar agradavelmente surpreso e estava. E só então, mas não antes, entendi por que minha espera e compulsão haviam funcionado tão mal. Agora, minha escrita está ficando mais fácil, mais calma e melhor (BOICE, 1994, p. 78).
>
> É por isso que o BDS [Brief Daily Sessions] parece funcionar... . Tornou-se parte das minhas rotinas diárias. Não tenho que lutar, nem me sentir com vontade. Programo meu tempo e funciona. Funciona e gosto disso. Por quê? Porque quanto mais eu faço, mais fácil e mais rápido minha escrita se move e mais me sinto como um verdadeiro escritor... Nada mais chegou perto de funcionar tão bem (BOICE, 1994, p. 99).

Na maioria de suas pesquisas e intervenções, Boice orientava que as pessoas em sofrimento psicológico para escrever deveriam dedicar-se à escrita por volta de 25 a 50 minutos, no máximo, por dia útil de trabalho. Mas não tratava a regra de forma rígida, uma vez que a definição de período de tempo breve para se dedicar ao ofício da escrita pode variar de pessoa para pessoa. Uma das formas de definir o que seria o tempo médio para uma sessão de escrita breve é observar com atenção os estados psicológicos e físicos durante a escrita. O desejável é cessar a atividade antes do cansaço físico e psicológico. Abaixo, explico melhor a lógica dessa concepção contra intuitiva e, à primeira vista, supostamente incompatível com a busca de uma escrita fluente e confortável.

Parar de escrever antes do fim

Ter consciência do momento certo de parar de escrever é mais importante do que saber o momento ideal para começar a escrever. A razão é que os estados físicos e psicológicos presentes no instante da interrupção da escrita influenciam a disposição futura para retomada da atividade. Se cessamos de redigir somente quando no ápice do esgotamento físico e mental, o ato de escrever tem alta probabilidade de tornar-se associado ao desprazer físico e ao mal-estar psicológico. Por essa razão muitos estudantes de pós-graduação, após o término da escrita de teses e dissertações, depois de penosas maratonas de escrita, com prazos próximos de vencer ou vencidos, experimentam elevada aversão ao mais simples pensamento de retomada daqueles textos, ainda que para uma simples revisão de normas ou ajustes pontuais solicitados pela banca avaliadora.

Diferente dessa experiência facilmente identificada entre estudantes de pós-graduação, indivíduos satisfeitos com a prática escrita aprendem a finalizar sessões de composição antes da exaustão, quando ainda se sentem dispostos a escrever. Exemplo emblemático dessa atitude é notado no cotidiano do escritor estadunidense Ernest Hemingway. Embora tenha sido representado publicamente como alguém que escrevia de maneira emocionalmente carregada e até o esgotamento físico e psicológico, Hemingway finalizava suas sessões de escrita antes da exaustão e no meio de frases e parágrafos que sabia como concluir, ou seja, quando ainda tinha o que escrever. Com isso, como apontou Boice (1994), Hemingway garantia que o reinício da escrita ocorresse sem grandes esforços para o surgimento de pensamentos novos e criativos. Evitava, dessa forma, os sentimentos de inabilidade e os "brancos", tão comuns no reinício da escrita de pessoas que escrevem até a exaustão.

Tendo em vista as dificuldades em aderir ao uso da escrita breve e regular, o apoio psicológico é essencial para instaurar o hábito. Primeiro, para garantir que a descrença e a resistência com o princípio da escrita breve e regular sejam expressas pelo escritor ou escritora e aceitas pelo ouvinte como uma parte indispensável de qualquer forma de tratamento do bloqueio da escrita. Segundo, o auxílio psicológico é necessário para que sujeitos em sofrimento psicológico para escrever sejam motivados a experimentar e a relatar os efeitos do uso de sessões breves de escrita e de outras estratégias sugeridas para o problema.

Compartilhar o sofrimento e a escrita

Mesmo que a produção de um texto conte, em todas as etapas, com a participação de outras pessoas, uma das crenças mais propagadas no âmbito da escrita acadêmica é a da necessidade de isolar-se para escrever. Como consequência desse mito romântico sobre a escrita fluente, as pessoas que mais padecem para escrever supõem que o isolamento é indispensável para conseguirem redigir seus textos. Ignoram, desse modo, que o isolamento pode ser, em muitos casos, o motivo pelo qual não conseguem escrever. Assim, muitos escritores e escritoras trabalham em isolamento, "supondo serem suas dificuldades únicas, sentando-se de novo e de novo frente à página em branco ou à tela do computador, buscando interminavelmente a primeira palavra ou a primeira sentença (BOICE, 1994, p. 5).

Haveria um desconhecimento de que as formas mais eficazes de tratamento do sofrimento com a escrita se dão por meio de estratégias coletivas, como o compartilhamento das dificuldades para escrever, porque ao compartilharem suas dificuldades "escritores bloqueados encontram alívio e esperança na descoberta de que suas experiências de bloqueio não são únicas" (BOICE, 1993a, p. 24).

A socialização de anseios e de dúvidas sobre a escrita tem como primeira implicação a dissolução da aura de mistério que paira sobre o bloqueio da escrita. Ao perceberem como os impasses da produção textual são comuns entre os pares, escritoras e escritores bloqueados experimentam aumento da paciência e da segurança. Igualmente, sentem alívio e esperança na superação de obstáculos até então concebidos como intransponíveis. Além disso, ao narrarem as estratégias utilizadas para escrever, muitas pessoas bloqueadas compreendem a ineficácia de suas práticas de escrita.

Em ocasiões de compartilhamento de sofrimento, é mais provável que as pessoas se mostrem dispostas a aceitar auxílio dos colegas. Boice (1994) alerta, contudo, que embora o compartilhamento do sofrimento com a escrita seja estratégia terapêutica – às vezes, suficiente para resolver o problema –, mediadores de grupos de escrita devem estar preparados para identificar casos nos quais sintomas de ansiedade generalizada, depressão, mania ou outros estados psicopatológicos sinalizem necessidade de intervenção específica e individualizada.

Um caminho lógico após expor os percalços com a prática textual é compartilhar a própria escrita. Contudo, o compartilhamento de textos é uma tarefa delicada. A exposição pública da escrita é, justamente, a razão pela qual muitos acadêmicos e acadêmicas não escrevem. Disso decorre que o compartilhamento de textos seria mais útil quando mediado por princípios capazes de orientar a leitura e a crítica de modo eficiente e assertivo. Boice (1990a, 1994, 1995b) indica que uma estratégia pouco adotada, mas valiosa, para a aquisição de conforto e de fluência da escrita é permitir que outras pessoas leiam versões preliminares ou bastante iniciais de nossos manuscritos.

Em termos mais objetivos, dois motivos fundamentam as vantagens de compartilhar textos em versões iniciais: 1) comentários de textos concluídos implicam revisões mais amplas e complexas de um texto que o autor ou autora, de um modo ou de outro, presumia finalizado; 2) a expectativa, nem sempre assumida, de quem submete um texto finalizado para apreciação é mais receber elogios do que críticas. Mas, como dificilmente é isso o que ocorre, a tendência é sentir-se desmotivado para as inevitáveis demandas de revisão.

O compartilhamento de textos em construção provê oportunidade para que o escritor ou escritora conte com suporte e orientação, em todas as fases de desenvolvimento de um manuscrito. Escritores e escritoras exemplares não só adotam esse tipo de estratégia, como são hábeis em instruir como gostariam que os leitores e as leitoras lidassem com seus textos. Antes de tudo, sugerem aos comentadores que abram mão da crítica minuciosa e se voltem para a identificação de problemas na lógica integral do texto, sua macroestrutura. Exemplos de perguntas para tanto são: "está claro o objetivo do texto?"; "o argumento está explícito?"; "há lógica na ordenação dos tópicos?" Apenas gradualmente avançam na exigência de leituras mais específicas e críticas com respeito à qualidade do texto em termos de conteúdo e de estilo. Igualmente, é comum solicitarem aos leitores e leitoras apontamentos de partes de seus manuscritos que estes considerem bem escritas.

Boice (1995a, 1996a) salienta, contudo, que acadêmicos e acadêmicas tendem a desprezar os efeitos positivos do apontamento de progressos nos textos que avaliam. Sabemos, de fato, como esse artifício é raro no ambiente acadêmico. O esperado é a crítica genérica e, às vezes, agressiva, tida, infelizmente, por muitos estudantes e docentes como suposta prova de sofisticação intelectual. Desconsideram, assim, que o ímpeto em detectar apenas falhas nas fases iniciais da escrita de qualquer manuscrito, prejudica, mais do que ajuda, aqueles que estão em sofrimento com a redação acadêmica. Por outro lado, a identificação do mínimo de qualidade em um texto em construção é capaz de produzir consequências psicológicas como a motivação e a resiliência para manter-se escrevendo a despeito das dificuldades.

Sobre esse aspecto, abro outro parêntese para falar da minha experiência em cursos, palestras e disciplinas, sobre a temática do bloqueio da escrita, ofertadas para docentes. Quando defendo, nesses ambientes, o valor pedagógico do abrandamento de críticas em fases iniciais de escrita de monografias, dissertações e teses de nossos estudantes, frequentemente escuto exasperadas alegações contrárias a tal sugestão, fundamentadas em falas como: "Isso é passar a mão na cabeça de estudante"; "Ciência é lugar de crítica"; "Comigo não foi assim"; "As pessoas precisam aprender a lidar com discordâncias", e daí por diante. Minha resposta é invariavelmente a mesma. Concordo que a crítica seja indispensável e central para uma escrita acadêmica de qualidade. Aliás, quem discordaria disso?! O ponto, no entanto, é outro: quanto o discurso da crítica como atitude indispensável a ser adotada a todo momento, no cenário acadêmico, tem sido licença mais para o exercício da coerção, da vaidade e da distinção social do que da verdadeira formação de nossos estudantes? Obviamente, não pretendo dar resposta a tal questão aqui. O problema é complexo e ultrapassa o escopo do livro. Todavia, para corroborar meu ponto de vista, lembro que ser crítico é uma habilidade verbal altamente elaborada, dependente de vários níveis de aprendizagem e não algo que surge espontaneamente em algumas pessoas e em outras não. Lembro, também, como já exposto em outro momento, que criticar um texto é muito mais fácil do que escrevê-lo.

Outra controvérsia que este tópico suscita diz respeito à inexistência de tempo, entre docentes, para o cultivo da leitura detalhada dos manuscritos de seus estudantes. Sobre esse indiscutível problema, tenho também dito a mesma coisa aos meus colegas de profissão: não imagino solução concreta para o problema e meu otimismo é contido para acreditar em mudanças de curto prazo capazes de tornar adequada e satisfatória as condições do trabalho docente na universidade brasileira. Só é possível afirmar que docentes que criam espaços acolhedores, permitindo formas de escrita aproximativa, como a escrita livre e a pré-escrita, mas que não abrem mão do rigor na análise de textos, levam seus estudantes a se envolverem mais com a revisão de manuscritos e a experimentarem mais satisfação e mais percepção de progresso, em vez de frustração e sensação constante de incapacidade de escrever. E, o mais importante, espaços assim tornam a crítica um valor imperativo na vida acadêmica, em vez de algo a ser evitado e temido.

Por fim, é preciso mencionar o valor positivo do contato pessoal e informal como essencial para o desenvolvimento da fluência e do conforto com a escrita acadêmica. Como sabemos, parte substancial do retorno de manuscritos, de estudantes de graduação e de pós-graduação, se dá por intermédio de mensagens eletrônicas, e a distância temporal entre a entrega do texto e os comentários pode levar bastante tempo. Todos conhecemos histórias de envio de capítulos de dissertações e de teses que demoraram meses para serem comentados pelos orientadores e orientadoras. Sei, como professor, que a resposta rápida da leitura de um texto é tarefa difícil. Na realidade, às vezes, irrealizável, por mais organizados que sejamos. A questão é que temos indícios de que vinte minutos de conversa face a face com um estudante de graduação ou pós-graduação, sobre seu manuscrito, pode produzir mais motivação para escrever do que um retorno via mensagem eletrônica semanas ou meses após a entrega de um texto.

Além disso, estudantes que recebem comentários pessoalmente, acerca do andamento de seus textos, conseguem, com o tempo, identificar com maior precisão os problemas e as soluções para a composição textual do que aqueles estudantes que recebem respostas somente por meio de mensagens eletrônicas (Cf. CAFFARELLA; BARNETT, 2010).

Boice (1996a) pondera que o facilitador da escrita não precisa ser somente o orientador ou a orientadora. Em estudo no qual averiguou a efetividade de um programa de auxílio psicológico para estudantes e professores com queixas de bloqueio da escrita, observou que encontrar-se por quinze minutos, com frequência semanal ou quinzenal, com aqueles sujeitos, para que eles relatassem percalços e avanços em seus textos, foi suficiente para aumentar a satisfação, a qualidade e a quantidade de páginas escritas. Do mesmo modo, identificou menor frustração quando precisavam lidar com a crítica e a necessidade de revisões extensas de seus textos.

Estratégias aparentemente banais

Abaixo apresento seis estratégias, aparentemente simplórias, expostas por Boice como auxiliares no tratamento do bloqueio da escrita.

Conhecer como os outros escrevem

Quando comparados com escritores e escritoras de outros gêneros literários, acadêmicos seriam os mais avessos ao empenho de se instruir pelo exemplo. Em sua maioria, supõem que esse empenho seria apenas mais uma coisa inútil a fazê-los perder tempo (BOICE, 1995a). Todavia, saber como os outros escrevem, sejam eles colegas de profissão ou escritoras ou escritores renomados, é um recurso bastante comum entre aqueles que escrevem com fluência e conforto.

Para aumentar o interesse pela prática escrita dos pares, Boice (1994) sugere que sejam estabelecidos momentos específicos para que docentes e estudantes troquem esse tipo de informação. O resultado desse exercício é a ocorrência de ricos debates sobre a escrita acadêmica e a reavaliação de crenças e de práticas arraigadas sobre o que é escrever na universidade. Boice (1990a) ainda incentiva seus estudantes e pacientes a ensinar os princípios psicológicos da escrita que estão aprendendo, e colocando em prática, para outros colegas. Ao se empenharem no esclarecimento dos determinantes do bloqueio da escrita e no aconselhamento para solução do problema, o conhecimento recém-adquirido é fixado, ao mesmo tempo em que o auxílio aos pares é disseminado.

Treinar a auto-observação

O treino de auto-observação de estados físicos e psicológicos antes, durante e após a produção textual, é outro mecanismo favorável à aquisição de conforto e fluência na escrita. Partindo de tal premissa, Boice (1994) se diz surpreso por tão poucas pessoas tomarem precauções com a dimensão ergonômica da escrita, como o ambiente para escrever, a postura corporal ou efeito da luz do computador sobre os olhos. O mesmo ocorre com sua dimensão psicológica, como o excesso de pensamentos e sentimentos negativos quando escrevem. Para ele, isso significava que cuidados preventivos básicos com a saúde física e mental adotados por trabalhadores das mais diferentes categorias inexistem entre acadêmicos e acadêmicas.

De modo a incentivar o treino de auto-observação da escrita, Boice (1994) propõe duas estratégias. Na primeira, um observador externo (psicoterapeuta, docente ou outro estudante) solicita ao escritor ou escritora que rotule e classifique suas sensações físicas, seus pensamentos e seus sentimentos experimentados durante a redação. Na segunda, a própria pessoa que escreve produz lembretes de modo a checar regularmente a postura corporal, pontos de tensão e excesso de tempo dedicado à escrita com o intuito de relaxar e de fazer pausas, diminuindo ou evitando os danos do desconforto físico e psicológico sobre o corpo e, por conseguinte, sobre ato de escrever.

Auto-observar-se durante a escrita é tarefa difícil, pois a maioria das pessoas são reticentes em fazer qualquer pausa durante a atividade. Muitas justificativas escutadas por Boice, nas ocasiões em que solicitava aos seus pacientes que parassem brevemente de escrever para se auto-observarem e relaxarem, denotam o temor pela suspensão da escrita, por mais breve que seja. Como um paciente reclamou:

> Posso dizer a você o motivo pelo qual isso não funciona pra mim, e por uma boa razão. Se eu parar, mesmo que rapidamente para me sentir um pouco mais confortável, vou perder meu encadeamento de pensamentos. Num instante, estarei bloqueado novamente. Em outras palavras, não vou fazer qualquer pausa desnecessária quando estou com sorte de ter conseguido iniciar (BOICE, 1994, p. 27)

Em tom mais enraivecido, outro paciente lhe disse indignado:

> Escute, isso é interessante, e não tenho dúvidas que suas intenções são honráveis, mas tenho uma escrita séria para ser realizada. Não tenho tempo para esse tipo de coisa sem noção. Sem ofensa, mas o prazo final de entrega para o meu editor já foi finalizado há dois meses. Eu quero sua ajuda para me fazer começar (BOICE, 1994, p. 27).

Apesar da incredulidade de muitas pessoas, Boice (1994) evidencia que a auto-observação das condições físicas e psicológicas da escrita torna-se, quando adotada, meio efetivo de prevenir danos à prática textual dos seus pacientes e estudantes. Prova disso é que, ao empregarem aquele exercício, muitos dos seus pacientes experimentavam a redução de padrões nocivos da escrita, como escrever até a exaustão, além de obterem mais conforto na atividade. Boice ainda salienta como inúmeros escritores e escritoras relatavam fascínio e, respectivamente, frustração, por terem levado tantos anos para atentar para os malefícios que produziram a si mesmos ao negligenciarem o cuidado com o corpo no processo da escrita.

Diminuir a prioridade da escrita

Situar a escrita como prioridade é uma tendência entre pessoas em sofrimento para escrever. Porém, o resultado dessa atitude costuma ser o contrário do esperado. Tornar a escrita objetivo central de vida equivale, para muitas pessoas, às promessas de ano novo, que como sabemos irão falhar porque são baseadas em expectativas e metas irrealistas. Por isso, o conselho de Boice (1994, 1990a) é tornar a escrita prioridade moderada no cotidiano. Em sua experiência, o psicólogo estadunidense constata que muitos casos graves de bloqueio da escrita acadêmica são resolvidos ou amenizados quando as pessoas descentralizam o valor da escrita no dia a dia, tornando-a mais uma atividade a ser realizada entre outras tantas. Todavia, Boice afirma que essa atitude também depende de auxílio psicológico, pois alterar o valor da escrita no cotidiano não é uma simples questão de escolha.

Ser específico

Estudantes de graduação e de pós-graduação possuem, em geral, parca experiência em planejar e em executar projetos de médio e de longo prazo. Como consequência, fracassam em prever o tempo médio para escrever monografias, dissertações e teses. O modo genérico como delineiam cronogramas de trabalho denota o problema: "escrever o capítulo introdutório", "escrever a revisão", "escrever a análise dos resultados"; "escrever o capítulo final". Objetivos expressos nesses termos denotam planos nada palpáveis, uma vez que desprezam como cada tarefa – "escrever a revisão", por exemplo – demanda inúmeros passos concretos. Por outro lado, entre muitos sujeitos satisfeitos com a prática escrita, Boice identifica que o constante esforço em especificar as unidades de trabalho aumenta o senso de direcionamento e de avanço da escrita de um texto. Por exemplo, em vez de iniciar o dia de trabalho com o objetivo de "escrever o capítulo X", aqueles indivíduos programam-se para finalizar duas páginas de um esboço do capítulo ou o fichamento de um dado artigo.

Boice (1990a) ainda indica que pesquisadores e pesquisadoras com dificuldades em serem específicos gastam a maior parte do tempo dedicado à escrita realizando tarefas inócuas, como a revisão prolongada da microestrutura de seus manuscritos. Passam, assim, horas, dias e, em alguns casos, semanas, revisando frases e parágrafos enquanto carecem, primeiro, de resolver problemas da macroestrutura de seus textos, como aqueles relativos à formação de conceitos e de elaboração de argumentos.

Falar antes e durante a escrita

Falar em voz alta para um interlocutor ou para si mesmo o que não se consegue escrever é outra estratégia sugerida por Boice. Com esse procedimento estudantes e pacientes surpreendem-se por conseguirem resolver dilemas na escrita que imaginavam improváveis de serem resolvidos.

A estratégia é útil, sobretudo, para os casos em que o nível de ansiedade pelo excesso e pela velocidade de pensamentos, sobre o que se pretende escrever, é muito maior do que a capacidade de organizá-los e colocá-los em palavras no texto.[18] Do mesmo modo a estratégia é útil para mitigar a tendência de escritoras e escritores de não falarem sobre os seus pro-

---

[18] Uma análise dos usos da oralidade na resolução dos problemas da composição de textos formais, como o texto acadêmico, pode ser encontrada no livro *Vernacular* Eloquence: What Speech Can Bring to Writing de Peter Elbow.

blemas, não pedirem ajuda e não deixarem outros auxiliarem em parte do trabalho, como no processo de revisão de textos.

Embora não seja um tópico tratado por Boice, é preciso dizer que o universo acadêmico separa radicalmente a linguagem oral da linguagem escrita, como se essas linguagens não tivessem qualquer conexão. Nessa separação, que é antes de tudo arbitrária e carregada de preconceitos linguísticos, conserva-se uma antiga e conhecida hierarquia social na qual a oralidade é situada como uma linguagem inferior (Cf. FURNISS, 2004). Com isso, desconsidera-se que muitos escritoras ou escritores se permitem, por meio do uso da pré-escrita e da escrita livre, escreverem de modo muito próximo como falam no cotidiano. Sendo que neste recurso estaria a fonte da originalidade de inúmeros autores e autoras.

A relevância dessa observação, ao menos em minha prática clínica e acadêmica, se faz necessária especialmente para casos de bloqueio da escrita entre estudantes oriundos de contextos sociais que lhes impossibilitaram acesso à educação de qualidade e, por conseguinte, domínio seguro das regras formais da escrita. É comum que esses sujeitos expressem oralmente, com significativa fluência, o que querem escrever em seus textos acadêmicos, mas, ao mesmo tempo, é comum que se sintam incapazes de escrever porque a transição da oralidade para escrita não é direta e nem automática. Para esses casos o ideal é a permissão para uma escrita aproximativa, mais próxima da oralidade, e a criação de condições para o desenvolvimento de habilidades formais da escrita acadêmica, como aquelas exigidas no processo de revisão textual.

Vincular objetivos e valores na prática escrita

Como exposto ao final do capítulo anterior, Boice pouco se ateve à questão dos valores e dos objetivos pessoais como fator no bloqueio da escrita. Porém, devido à relevância da questão, tomei a liberdade de incluí-la como parte dos caminhos para o enfrentamento das dificuldades psicológicas com a escrita acadêmica. Para tanto, recorri a estudo no qual Hayes (2019) elucida, a partir de um breve exercício, as consequências positivas da busca por coerência entre ações, objetivos e valores pessoais na vida acadêmica.

O propósito do estudo foi melhorar o desempenho acadêmico de estudantes de graduação. Na pesquisa, 577 estudantes foram divididos em três grupos: um grupo controle, o qual recebeu a instrução genérica para tentar aprimorar seus comportamentos acadêmicos da melhor maneira possível; um segundo grupo, que foi ensinado estratégias para a melhora do desempenho acadêmico; e um terceiro grupo, ao qual foi ensinado táticas para melhora do desempenho acadêmico, em conjunto com uma atividade de escrita de 15 minutos por meio da qual os estudantes aprenderam a esclarecer quais eram seus valores e seus objetivos na vida acadêmica. Para facilitar o exercício os estudantes do terceiro grupo leram a seguinte passagem:

> Pense o valor como se fosse uma direção. Se você estiver indo para o oeste, use um mapa de estrada ou uma bússola para orientá-lo quando sair do caminho. Mas "oeste" não é uma meta concreta – é uma direção, e não importa quão longe você vá nessa direção, você ainda pode continuar. Metas não são assim. São lugares onde você chega, não direções que você toma. As qualidades escolhidas de ser e fazer são como direções: você sempre pode seguir por esse caminho, mas nunca "chegar lá" (HAYES, 2019, p.117).

Em seguida, foi solicitado aos estudantes que se imaginassem indo à escola como se estivessem indo a um jardim que precisa de cuidado diário.

> Suponha que você aprecie a beleza de um jardim e adore ver as coisas crescerem. Você logo percebe que não há um lugar perfeito para plantar. Ao escolher um local, você pode se comprometer com ele e trabalhar a terra, mesmo que não seja perfeita e mesmo se não tiver certeza do resultado. Cuidar do jardim é um trabalho difícil - requer constante cuidado e atenção. Nem sempre é bom no momento, mas a ação pode ser satisfatória,

porque você está, a cada momento, trabalhando em algo que é importante para você (HAYES, 2019, p. 121).

Após um semestre do início da pesquisa, os dois primeiros grupos mantiveram as mesmas médias de notas e o mesmo grau de insatisfação com o rendimento acadêmico anteriores ao começo do estudo. Já o terceiro grupo teve sua nota média elevada, e seus participantes relataram aumento de satisfação com a aprendizagem e com o envolvimento acadêmico. No semestre seguinte, tanto o primeiro quanto o segundo grupo de estudantes realizaram as mesmas atividades propostas ao terceiro grupo. Como resultado, apresentaram igualmente elevação da nota média, assim como aumento da satisfação com o desempenho acadêmico.

A sugestão, portanto, é realizar em grupo, se possível, o mesmo exercício de escrita descrito no estudo de Hayes (2019), com foco na escrita acadêmica. A ideia é escrever um texto durante 15 minutos expressando seus valores e como eles poderiam ser desenvolvidos no cotidiano acadêmico em termos de ações, objetivos e consequências de curto, médio e longo prazos esperadas (caso haja dúvidas a respeito das noções de objetivos de vida e valores pessoais, volte ao tópico "Valores pessoais e escrita acadêmica", na página 50). Vale lembrar que a busca por conexão entre ações, objetivos e valores não significa evitar a todo custo o desconforto, mas o desenvolvimento de um senso de direção e de propósito para escrever aquilo que tem sentido para o pesquisador ou pesquisadora.

OS LIMITES DA PROPOSTA
DE ROBERT BOICE

Neste capítulo, discuto brevemente cinco pontos que denotam alguns dos limites da proposta teórica e prática de Robert Boice. O primeiro limite diz respeito à transposição de seus achados para um contexto educacional tão singular e complexo como o brasileiro; o segundo refere-se ao seu parco aprofundamento na análise dos impactos dos traumas psicológicos sobre o bloqueio da escrita acadêmica; o terceiro trata das críticas ao seu trabalho na literatura especializada; o quarto ponto alude às transformações no cenário psicoterápico atual; e, por último, o quinto ponto avalia os efeitos do neoliberalismo na vivência do tempo para escrever na universidade.

O Brasil como limite

Embora a pesquisa de Boice seja circunscrita à universidade estadunidense, o bloqueio da escrita é um fenômeno facilmente identificável no contexto acadêmico brasileiro. A diferença, por aqui, talvez, seja a gravidade do problema em comparação com os Estados Unidos. Basta dizer que o analfabetismo funcional no Brasil permanece significativo e que o domínio fluente e seguro da escrita mantém-se reservado à pequena parcela da população brasileira – isso, inclusive, na universidade, ambiente no qual o preconceito linguístico, tão denunciado por muitos de nós como uma das razões e uma das consequências das desigualdades sociais de nosso país, tem seu lugar garantido, mesmo nos locais destinados ao estudo dos mais diversos tipos de preconceitos em nossa sociedade. Quem nunca disse que seus estudantes não sabem escrever que atire a primeira pedra.

Também como limite do trabalho de Boice, para o cenário brasileiro, estaria nossa propensão cultural em rebaixar social e moralmente atividades práticas e manuais (ver Schwartz, 2019). Nesta lamentável herança colonial, encontra-se, talvez, parte da explicação de nossa resistência perante propostas de soluções práticas para os problemas da vida acadêmica. Se este for o caso, o tipo de proposta teórica e prática apresentada por Boice tem alta propensão de ser rejeitada de antemão no Brasil, pois é eminentemente baseada na defesa de meios práticos e manuais para resolver os percalços psicológicos da escrita acadêmica.

O papel dos traumas psicológicos

Boice localiza no ideal romântico da escrita premissas que conservam o bloqueio da escrita na esfera do misterioso, do individual e do inconsciente. Apesar de válida em vários sentidos, a crítica de Boice, assumida em sua totalidade, desconsidera que o sofrimento com a escrita acadêmica tem, em algum nível, suas causas localizadas para além do âmbito da aprendizagem e da consciência dos usos das regras formais e informais da escrita. Isso significa que a compreensão e o tratamento do bloqueio da escrita acadêmica precisam levar em conta que o sofrimento para escrever está, também, relacionado à vida integral de acadêmicos e acadêmicas e aos inevitáveis traumas que permeiam a história individual e social daqueles que sofrem para escrever na universidade. Por outro lado, desconsiderar que a fluência da escrita tem a ver, também, com o desenvolvimento de habilidades formais e informais e com o exercício psicológico da paciência, resiliência e motivação é manter o preconceito contra o valor da ação prática, que tanto assola algumas searas do campo psicoterápico e da formação acadêmica brasileira como um todo.

Transformações no universo psicoterápico

Outro limite do trabalho de Boice diz respeito ao fato de que grande parte de suas intervenções e análises são baseadas em teorias da composição e práticas psicológicas oriundas das décadas de 1960, 1970, 1980 e 1990. Com isso, muito de suas propostas deixa de incorporar transformações no campo psicoterápico, que nas últimas décadas se debruça cada vez mais sobre o papel da linguagem e da relação terapêutica como centrais no tratamento de qualquer forma de sofrimento psicológico. Pode-se dizer, então, que hoje teríamos mais recursos teóricos e práticos para auxiliar a população acadêmica em sofrimento psicológico com o processo de escrita do que no período das formulações de Boice.

Vale expor, contudo, que a efetividade do tratamento do bloqueio da escrita estaria menos no tipo de abordagem teórica adotada pelo profissional da psicologia e mais na adoção de certas atitudes diante do problema. Foi isso que o próprio Boice (1985a) constatou, com surpresa, ao perceber que os psicoterapeutas mais bem-sucedidos em tratar os casos de bloqueio da escrita intervinham de maneira semelhante, ainda que empregando conceitos e teorias tidas como incompatíveis, como a psicanálise, a gestalt e o behaviorismo. De modo geral, esses profissionais criavam empaticamente espaços de permissão para o erro da escrita; incluíam a escrita na própria sessão de terapia; utilizavam exemplos sobre como a constância é essencial para a aquisição da fluência da escrita; avaliavam como a história de vida de seus pacientes tangenciava a escrita deles; e, sobretudo, eram críticos contumazes de premissas românticas e elitistas que presumiam que a escrita deveria ocorrer naturalmente sem qualquer intervenção (BOICE, 1985a).

Críticas ao trabalho de Robert Boice na literatura especializada

Na dispersa literatura sobre o bloqueio da escrita, identificam-se apenas duas críticas diretas às pesquisas de Boice. Na primeira delas, publicada em 1987, dois professores do Departamento de Física e Astronomia da Universidade de Nova York (LERNER & SALEM, 1987) censuram artigo no qual Boice (1987a) argumenta que o tempo livre propiciado a docentes em programas de afastamento das atividades de ensino – para escrever e pesquisar – não garantia o envolvimento esperado com tais atividades. Para Lerner e Salem (1987), a pesquisa de Boice transmitia um juízo negativo sobre os docentes que ansiavam por um tempo livre para escrever e pesquisar, pois sugeria uma imagem de preguiça e pouco esforço daqueles sujeitos.

O que se nota, contudo, ao ler o artigo de Boice, é que suas conclusões derivam do acompanhamento sistemático do dia a dia dos docentes participantes de seu estudo, da ampla e sistemática coleta de autorrelatos e da aplicação de questionários sobre o uso do tempo. Os dados daí provenientes indicam, de fato, que a maior disponibilidade de horas e que a ausência de outras tarefas não era suficiente para que a maioria dos professores e professoras escrevessem, como esperavam que iriam escrever, em períodos de licença das atividades burocráticas e de docência. Parte expressiva da amostra analisada por Boice relatou, por exemplo, sentir-se mais frustrada quanto à fluência da escrita ao final de seis meses de licença do que no período em que lecionavam. Segundo Boice (1987a), esse fenômeno inesperado se explicava por duas razões: 1) as dificuldades em mudar antigos padrões de hábito de trabalho em pouco espaço de tempo e, por conseguinte, 2) a intensificação da frustração devido à expectativa não cumprida de colocar em prática tudo aquilo que haviam planejado para aquele momento no qual supunham que escreveriam facilmente.

Ao responder à crítica de Lerner e Salem, Boice (1987d) afirma ter plena consciência de que reações negativas daquele tipo seriam emitidas, pois a crença no valor de grandes blocos de tempo livre para escrever é uma instituição sagrada no mundo acadêmico. Sabia, então, que ao questioná-la, seria interpretado como conservador. De modo a defender-se da acusação, ele discorreu:

> Em nenhum momento assumi que meus colegas não trabalham intensamente e não refletem sobre suas práticas. Contudo, concluí que a maioria dos professores que afirmam estarem muito ocupados para escrever pode encontrar tempo em breves sessões diárias para a escrita produtiva. Percebo que alguns acadêmicos produtivos preferem outros regimes de escrita. Se isso funciona, tudo bem. (1987d, p. 369)

O argumento de Boice é ainda abalizado na verificação de que os docentes que mais aproveitavam os períodos livres de atividades administrativas e de sala de aula para conseguir escrever, como estágios de pós-doutorado, eram aqueles que já mantinham uma rotina mínima de envolvimento com a escrita no cotidiano do trabalho acadêmico. Em momento algum Boice discorda da importância de programas de liberação de tarefas para docentes. Apenas salienta que o tempo livre não garantia que aqueles acadêmicos e acadêmicas fizessem aquilo que não faziam com o mínimo de satisfação no dia a dia de trabalho. Por fim, afirma que lidar com essa constatação implicava admitir que docentes também precisam de auxílio psicológico para lidar com os obstáculos da escrita fluente e confortável.

A segunda crítica ao trabalho de Boice é mais recente e foi emitida por Helen Sword. A crítica de Sword (2016; 2017) incide sobre a rejeição ao princípio do uso do tempo breve e regular para escrever, apregoado por Boice como central no tratamento do bloqueio da escrita. Para Sword, tal princípio seria inválido devido à diversidade dos hábitos de escrita entre acadêmicas e acadêmicos. A despeito de plausível, a crítica de Sword ao princípio da escrita breve e regular apresenta patentes limites. O primeiro deles é que seu argumento é pautado somente em entrevistas com renomados pesquisadores e pesquisadoras alocados em reconhecidas instituições acadêmicas dos Estados Unidos, Europa e Oceania. Por outro lado, as investigações de Boice, que apregoam a validade da escrita breve e regular, resultam de análises clínicas, aplicadas e experimentais, muitas das quais realizadas por períodos de um ano ou mais, com participantes que padeciam de intenso sofrimento psicológico para escrever e que estavam situados à margem da elite acadêmica, em universidades modestas ou precárias, nos Estados Unidos.

Além disso, Sword em momento algum trata o bloqueio da escrita em sua dimensão psicológica e sociológica. Da mesma forma, não avalia os limites e a validade dos relatos dos participantes da sua pesquisa. Desconsidera, por exemplo, que, ao falarem de si mesmos, cientistas bem-sucedidos tendem a reproduzir a história dos "Grandes Homens" da ciência (FLECK, 1979; KUHN, 2006). Ou seja, falam de si mesmos por meio de narrativas circunscritas ao desenvolvimento de seus achados científicos, como se suas vidas acadêmicas independessem de fatores psicossociais que os levaram a ser o tipo de escritoras e escritores que são no presente. Sword tem razão em questionar a premissa do uso de tempo breve e regular para escrever, tendo em vista a diversidade de formas que escritoras e escritores exemplares arranjam para gerar seus textos. Boice, no entanto, não impõe um meio único de utilizar o tempo para escrever. O que faz é salientar que reduzir o tempo dedicado à prática textual é efetivo na maior parte dos casos graves de bloqueio da escrita.

Os efeitos do neoliberalismo no tempo do trabalho acadêmico

Uma crítica ao trabalho de Boice não realizada por Lerner e Salem (1987), nem por Sword (2016; 2017), mas que parece essencial no presente, diz respeito à desconsideração de Boice pelos impactos da economia neoliberal no tempo do trabalho acadêmico. Embora esse seja um debate posterior às últimas publicações de Boice, ele é relevante por sinalizar o crescente impacto da economia de mercado na organização social da escrita e do trabalho acadêmico como um todo. Sobre isso, Davies e Bansel (2005) sugerem que o avanço do neoliberalismo induz, na universidade, um modo de trabalho orientado para o produto final e para a quantidade de produtos gerados. Como consequência, cada acadêmica e acadêmico tem sido reconfigurado como uma unidade monetária em disputa por geração de lucro e por acumulação de capital em um mercado altamente competitivo e cada vez mais escasso em recursos.

Um dos efeitos da adesão irrestrita a tal modelo de trabalho seria a reprodução ideológica da noção de tempo como uma instância psicológica individual e natural. Trata-se de algo observado no modo como acadêmicos e acadêmicas, em sofrimento por excesso de trabalho, e por ausência de tempo para criação literária, supõem que a falta de tempo resultaria da incapacidade individual de gerenciar suas atividades diárias. O resultado dessa ilusão psicológica é a constante culpa e frustração por não conseguirem, dentro do horário de trabalho, escreverem como pretendiam. Essa experiência do tempo faz com que, entre outras coisas, esses sujeitos deixem de criticar o sistema e vejam a si mesmos como os únicos responsáveis pela falta de tempo para escrever. Nessas condições, talvez, mesmo o tempo breve e regular, sugerido por Boice, seja difícil de ser implementado no cotidiano universitário.

Com certeza, esse é um tema a ser tratado com mais profundidade. A despeito disso, parece ser inviável assumir, como é comum acontecer em solo acadêmico brasileiro, uma postura de ataque imediato às propostas de auxílio ao desenvolvimento de habilidades práticas de escrita, como se isso significasse adesão irrefletida a uma lógica individualista e mercantilista na universidade. Nesses casos, parece que qualquer ideia de auxílio prático tem sido percebida como só mais uma estratégia de conservação do *status quo*.

UM OTIMISMO CONTIDO

E UMA ESPERANÇA

Recentemente, ouvi de uma professora universitária de um importante departamento de educação, de uma grande universidade brasileira, que "a única e verdadeira solução para o sofrimento com a escrita acadêmica é sentar e escrever, porque com ela foi assim. Não tinha essa de ficar reclamando." Ainda que introdutória, e com limites, a perspectiva traçada neste livro inviabiliza qualquer afirmação nesse sentido, além de expor as prováveis razões daquele tipo de apreciação sobre a escrita e de denunciar seus impactos nefastos sobre aqueles que não conseguem escrever "como todo mundo". Na universidade brasileira, opiniões como a da mencionada professora são corriqueiras e emitidas por pesquisadoras e pesquisadores de todas as áreas do conhecimento. Mas abordar o sofrimento com a escrita como uma banalidade é, no mínimo, fazer parte das condições impeditivas do desenvolvimento de uma parcela substancial da população acadêmica que experimenta dificuldades para escrever.

Numa sociedade que sempre distribuiu de maneira desigual o acesso à educação de qualidade, o esperado é que o sofrimento para ler e para escrever seja a regra, e não a exceção, mesmo no ensino superior. Há que se dizer, contudo, que ninguém está imune ao bloqueio da escrita, muito embora as minorias sociais sejam as maiores vítimas desta forma de sofrimento psicológico. O trabalho de Boice, como já apontado, não se aprofunda nessas questões e apresenta limites para pensarmos o caso brasileiro. Ainda assim, instiga um olhar menos inocente para as declarações bem-humoradas ou lamuriosas sobre o bloqueio da escrita acadêmica.

Se a escrita é indispensável para a ascensão social (e, sim, acadêmicas e acadêmicos se importam com isso, embora não assumam publicamente) e, logo, para a ocupação de lugares de poder na estrutura social, mantê-la como um ato que deveria acontecer espontaneamente é reproduzir a naturalização das hierarquias sociais dentro e fora da universidade. Nesse sentido, as elaborações de Boice parecem úteis para o desvelamento inicial do romantismo e do elitismo sedimentados no universo acadêmico brasileiro. Igualmente, nunca deixa de me surpreender que o conhecimento e a aplicação das "estratégias simples", propostas por ele, sejam capazes de auxiliar muitos estudantes e docentes na aproximação ou na retomada, mínima que seja, de uma escrita mais fluente e mais confortável.

Por fim, espero que este livro sirva como incentivo para o enfrentamento do fantasma – sempre à espreita – da página em branco e, também, para o questionamento inicial de suas motivações, ainda tão nebulosas para a maioria de nós.

REFERÊNCIAS

BAGNO, Marcos. *Preconceito linguístico*: o que é, como se faz. São Paulo: Loyola, 2003.

BELCHER, Laura. *Writing Your Journal Article in 12 weeks:* A Guide to Academic Publishing Success. London: Sage, 2009

BOICE, Robert. Teaching of Writing in Psychology: A Review of Sources. *Teaching of Psychology*, v.3, n.9, 143-47, 1982b.

BOICE, Robert. Increasing the Writing Productivity of "Blocked" Academicians. *Behaviour Research and Therapy*, v.20, n.3, 197-207, 1982c.

BOICE, Robert. Contingency Management in Writing and the Appearance of Creative Ideas: Implications for the Treatment of Writing Blocks. *Behaviour Research and Therapy*, v.5, n.21, 537-543, 1983a.

BOICE, Robert. Experimental and Clinical Treatments of Writing Blocks. *Journal of Consulting and Clinical Psychology*, Washington, DC, v.51, n.2, 183-91, 1983b.

BOICE, Robert; JONES, Ferdinand. Why Academicians Don't Write. *The Journal of Higher Education*, v.5, n.55, 567-582, 1984a.

BOICE, Robert; JOHNSON, Karin. Perception and Practice of Writing for Publication by Faculty at a Doctoral-Granting University. *Research in Higher Education*, v.1, n.21, p. 33-43, 1984b.

BOICE, Robert. Psychotherapies for Writing Blocks. In: ROSE, M. (Ed.). When a Writer Can't Writer. Nova York: Guilford Press, 182-218, 1985a.

BOICE, Robert. The Neglected Third Factor in Writing: Productivity. *College Composition and Communication*, v.4, n.36, 472-480, 1985b.

BOICE, Robert; SHAUGHNESSY, Peter; PECKER, Gayle. Women and Publishing in Psychology. *American Psychologist*, v.40, n.5, 577-578, 1985c.

BOICE, Robert. Faculty Development Via Field Programs for Middle-Aged, Disillusioned Faculty. *Research in Higher Education*, v.25, n.2, 115-35, 1986.

BOICE, Robert. Is Released Time an Effective Component of Faculty Development Programs? *Research in Higher Education*, v.26, n.3, 311-326, 1987a.

BOICE, Robert; MYERS, Patricia. Which Setting is Healthier and Happier, Academe or Private Practice? *Professional Psychology: Research and Practice*, v.18, n.5, 526-529, 1987b.

BOICE, Robert. A Program for Facilitating Scholarly Writing. *Higher Education Research and Development*, v.6, n.1, 9-29, 1987c.

BOICE, Robert. Faculty Released Time: Reply to Comment by Lawrence S. Lerner and S. I. Salem. *Research in Higher Education*, v.27, n.4, 367-370, 1987d.

BOICE, Robert. Procrastination, Business and Bingeing. *Behaviour Research and Therapy*, v.27, n.6, 605-611, 1989.

BOICE, Robert. *Professors as Writers*: A Self-Help Guide to Productive Writing. Stillwater (EUA): New Forums, 1990a.

BOICE, Robert. Faculty Resistance to Writing-Intensive Courses. *Teaching of Psychology*, v.17, n.1, 13-17, 1990b.

BOICE, Robert. New Faculty as Teachers. *The Journal of Higher Education*, v.62, n. 2, 150-173, 1991.

BOICE, Robert. Combining Writing Block Treatments: Theory and Research. *Behaviour Research and Therapy*, v.30, n.2, 107-116, 1992.

BOICE, Robert. Writing Blocks and Tacit Knowledge. *The Journal of Higher Education*, v.65, n.1, 19-54, 1993a.

BOICE, Robert. New Faculty Involvement for Women and Minorities. *Research in Higher Education*, v.34, n3, 291-341, 1993b.

BOICE, Robert. *How Writers Journey to Comfort and Fluency*: A Psychological Adventure. Connecticut (EUA): Prager, 1994.

BOICE, Robert. Developing Writing, Then Teaching, Amongst New Faculty. *Research in Higher Education*, v.36, n.4, 415-456, 1995a.

BOICE, Robert. Writerly Rules for Teachers. *Journal of Higher Education*, v.66, n.1, 32-60, 1995b.

BOICE, Robert. *First-Order Principles for College Teachers*: Ten Basic Ways to Improve the Teaching Process. Bolton (EUA): Anker, 1996a.

BOICE, Robert. *Procrastination and Blocking*: A Novel, Practical Approach. Praeger Publishers, Westport, 1996b.

BOICE, Robert. Which is More Productive, Writing in Binge Patterns of Creative Illness or in Moderation? *Written Communication*, v.14, n.4, 435-459, 1997.

CAFFARELLA, Rosemary S.; BARNETT, Bruce G. Teaching Doctoral Students to Become Scholarly Writers: The Importance of Giving and Receiving Critiques. *Studies in Higher Education*, v.25, n.1, 39-52, 2010.

CAMPANARIO, Juan Manuel. Rejecting and Resisting Nobel Class Discoveries: Accounts by Nobel Laureate. *Scientometrics*, v.81, n.2, 549-65, 2009.

CAYTON, Mary. (1990). What Happens When Things Go Wrong: Women and Writing Blocks. *Journal of Advanced Composition*, Vol.10, n. 2, 321-337, 1990.

CHASE, Jared A. et al. Value are not just goals: Online ACT-based values training adds to goal setting in improving undergraduate college student performance. *Journal of Contextual Behavioral Science*, v.2, n.3-4, 79-84, 2013.

CRAWFORD, Matthew B. *The World Beyond Your Head*. New York: Farrar, Straus and Giroux, 2015.

CRUZ, Robson N. O Pacto elitista nas ciências humanas e o sofrimento com a escrita acadêmica. Vídeo disponível em: https://www.youtube.com/watch?v=loJRyQEmu3k&t=6113s

DAVIES, Bronwyn; BANSEL, Peter. The time of their lives? Academic workers in neoliberal time(s). *Health Sociology Review*, v.14, n.1, 47-58, 2005.

ELBOW, Peter. *Writing with Power*: Techniques for Mastering the Writing Process. Nova York: Oxford University Press, 1981.

ELBOW, Peter. *Vernacular Eloquence*: What Speech Can Bring to Writing. New York: Oxford University Press, 2012.

ERICSSON, Anders.; KRAMPE, Ralph; TESCH-RÖMER, Clemens. The role of deliberate practice in the acquisition of expert performance. *Psychological Review*, Washington, v.100, n.3, 363-406, 1993.

FARO, André. Estresse e estressores na pós-graduação: estudo com mestrandos e doutorandos no Brasil. *Psicologia: Teoria e Pesquisa*, Brasília, v.29, n.1, 51-60, 2013 .

FLECK, Ludwik. *Genesis and Development of a Scientific Fact*. Tradução de Fred Bradley e Thaddeus J. Trenn. 2. ed. Chicago: University of Chicago Press, 1979.

FURNISS, Graham. *Orality: The power of the spoken word*. New York: Palgrave MacMillan., 2004.

GOODMAN, Paul. On a Writer's block. *Complex*, v.7, 42-50, 1952.

GOODSON, Patricia. *Becoming an academic writer*: 50 exercises for paced, productive, and powerful writing. London: Sage Publications, 2012.

GRANT, Barbara; Knowles, Sally. Flights of imagination: Academic women be(com)ing writers, *International Journal for Academic Development*, 5, 1, 6-19, 2000.

GUAZI, Taisa. S.; LAURENTI, Carolina. Algumas contingências da produção acadêmica universitária: um estudo preliminar. *Psicologia: Ciência e Profissão*, v.35, n.1, 139-153, 2015.

HAYES, Steven. *A Liberated Mind*. New York: Avery, 2019.

HYLAND, Ken. Academic attribution Citation and the construction of disciplinary knowledge. *Applied Linguistics*, v.20, n.3, 341-367, 1999.

KELLOGG, Ronald Thomas. *The Psychology of Writing*. Nova York: Oxford University Press, 1994.

KUHN, Thomas Samuel. *A estrutura das revoluções científicas*. Tradução de Beatriz Vianna Boeira e Nelson Boeira. 9. ed. São Paulo: Perspectiva, 2006.

LEADER, Zachary. *Revision and Romantic Authorship*. Clarendon: Oxford, 1996.

LERNER, Lerner; SALEM, S. Comment: Faculty Released Time – A Criticism of Boice's Views. *Research in Higher Education*, v.27, n.4, 363-366, 1987.

LOPES, Valquíria. Alunos da pós-graduação reclamam de abandono e autoritarismo na UFMG. *Estado de Minas*, Belo Horizonte, 28 ago. 2017a. Disponível em: <https://www.em.com.br/app/noticia/especiais/educacao/2017/08/28/internas_educacao,895547/alunos-da-pos-graduacao-reclamam-de-abandono-e-autoritarismo-na-ufmg.shtml>. Acesso em: 2 jul. 2018.

LOPES, Valquíria. Pressões potencializam casos de transtorno mental de alunos e professores na UFMG. *Estado de Minas*, Belo Horizonte, 28 ago. 2017b. Disponível em:<https://www.em.com.br/app/noticia/especiais/educacao/2017/08/28/internas_educacao,895535/pressoes-aumentam-casos-de-transtorno-mental-na-ufmg.shtml>. Acesso em: 2 jul. 2018.

MEIRA, Ana Cláudia Dos Santos. *A Escrita Científica no Divã: entre as possibilidades e as dificuldades para com o escrever.* Porto Alegre: Sulina, 2016.

MEYER, Levin. A New fear in Writers. *Psychoanalysis*, v.2, 34-38, 1953.

MITCHELL, Kim. Academic Voice: On Feminism, Presence, and Objectivity in Writing. *Nursing Inquiry*, v.24, n.4, 12-20, 2017.

NOVAES MALAGRIS, Lucia Emmanoel et al . Níveis de estresse e características sociobiográficas de alunos de pós-graduação. *Psicologia em revista,* v.15, n.2, 184-203, 2009.

PELUSO, Daniel; CARLETON, Nicholas., &. ASMUNDSON, Gordon J. G. Depression symptoms in Canadian psychology graduate students: Do research productivity, funding, and the academic advisory relationship play a role? *Canadian Journal of Behavioural Science*, v.43, n.2, 119-127, 2011.

PENNEBAKER, James. Writing About Emotional Experiences as a Therapeutic Process. *Psychological Science*, v.8, n.3, 162–166, 1997.

PINHEIRO-MACHADO, Rosana. Precisamos falar sobre a vaidade na vida acadêmica. *Carta Capital*, São Paulo, 24 fev. 2016. Disponível em: <https://www.cartacapital.com.br/sociedade/precisamos-falar-sobre-a-vaidade-na-vida-academica>. Acesso em: 2 jul. 2018.

QUAYTMAN, Wilfbed. Psychoterapist's Writing Block. *Voices*, v.5, 135-139, 1969.

ROCHA, Helenice Aparecida Bastos. A escrita como condição para o ensino e a aprendizagem de história. *Revista Brasileira de História*, v.30, n.60, 121-142, 2010.

ROSE, Mike. *O saber no trabalho: valorização da inteligência do trabalhador.* São Paulo: Editora SENAC, 2007.

SAMELSON, Franz. Struggle for Scientific Authority: The Reception of Watson's Behaviorism, 1913-1920. *Journal of the History of the Behavioral Sciences*, v.17, n.3, 399-425, 1981.

SCHWARCZ, Lilia Moritz. *Sobre o autoritarismo brasileiro.* São Paulo: Companhia das Letras, 2019.

SENNETT, Richard. *O artífice.* 2. ed. Rio de Janeiro: Record, 2009.

SHAPIN, Steve. *The Scientific life: a moral history of a late modern vocation.* Chicago; London: The University of Chicago Press, 2008.

SHUMAN, Elliot. A Writing Block Treated with Modern Psychoanalytic Interventions. *Psychoanalytic Review*, 68, 113-134, 1981.

SWORD, Helen. "Write Every Day!": A Mantra Dismantled. *International Journal for Academic Development*, v.21, n.4, 312-322, 2016.

SWORD, Helen. *Air & Light & Time & Space*: How Successful Academics Write. Cambridge: Harvard University Press, 2017.

THONNEY, Teresa. *Academic writing*: concepts and connections. New York: Oxford University Press, 2016.

WALLACE, David. L. et al. Better revision in eight minutes? Prompting first-year college writers to revise globally. *Journal of Educational Psychology*, v.88, n.4, 682-688, 1996.

**Construindo ideias
e conectando mentes**

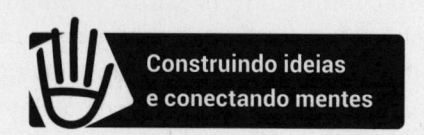

Este livro foi composto com tipografia ITC Berkeley Oldstyle Std
e impresso em papel Polen Soft LD 80 g/m² na